高校专创融合教育理论与实践研究

董红梅　张　涛◎著

湖南大学出版社

·长 沙·

内容简介

　　本书探讨了专创融合教育实施的路径、专创融合教育的实践与探索以及实践案例，创新创业教育的评价机制，对实现创新创业教育目标、提升人才培养质量、推动创新创业教育向纵深发展有着重要的价值。

　　本书可供高等院校从事教学管理、课程改革、专业建设的老师、管理人员以及职业教育研究人员阅读参考。

图书在版编目（CIP）数据

高校专创融合教育理论与实践研究 / 董红梅，张涛

著. — 长沙：湖南大学出版社，2024.7

ISBN 978-7-5667-3525-6

Ⅰ.①高⋯　Ⅱ.①董⋯ ②张⋯　Ⅲ.①高等学校 – 创

造教育 – 研究 – 中国　Ⅳ.①G640

中国国家版本馆CIP数据核字（2024）第072940号

高校专创融合教育理论与实践研究

GAOXIAO ZHUANCHUANG RONGHE JIAOYU LILUN YU SHIJIAN YANJIU

作　　者：董红梅　张　涛	
责任编辑：张佳佳	
印　　装：济南圣德宝印业有限公司	
开　　本：787 mm×1092 mm　1/16	印　张：10.75　字　数：221千字
版　　次：2024年7月第1版	印　次：2024年7月第1次印刷
书　　号：ISBN 978-7-5667-3525-6	
定　　价：48.00元	

出 版 人：李文邦

出版发行：湖南大学出版社

社　　址：湖南·长沙·岳麓山　　邮　编：410082

电　　话：0731-88822559（营销部），88821315（编辑室），88821006（出版部）

传　　真：0731-88822264（总编室）

前 言

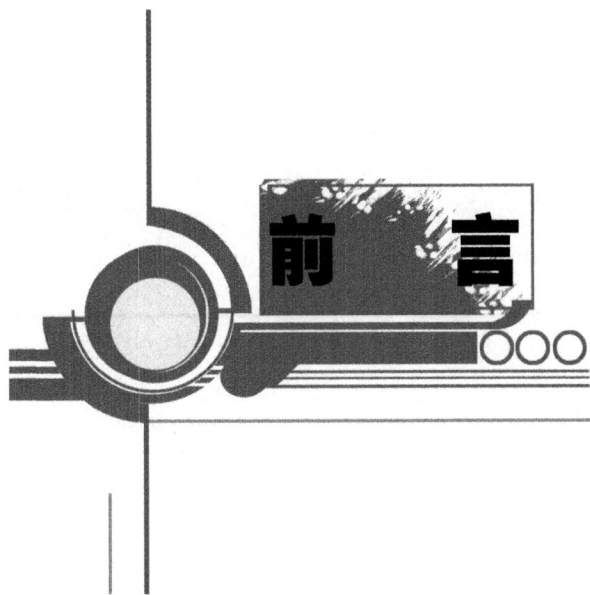

随着时代的发展和社会的需要，国家高度重视创新创业人才的培养。作为我国高等教育的主阵地，高校在推动创新创业发展战略实施、助力建设创新型国家、为国家培养高素质人才方面担负着艰巨的使命。高校作为创新型、复合型人才的培养基地，需要立足教育目标，协调好创新创业教育与专业教育之间的关系。如何将创新创业教育与专业教育有机融合，是高校在当前发展过程中面临的亟须解决的问题。

本书立足创新驱动发展战略，探索解决高校专业设置中融入创新创业创造教育的改革难题，创新实践了"全域联动，内融外协，全程帮扶"的创新创业教育模式，即以实现创新创业教育与地方经济发展的耦合为取向，充分利用地方的天赋性资源，实施资源全域整合、要素全域配套、过程全域管理、文化全域浸润、帮扶全域覆盖的"全域"教育，构建创新创业教育共同体，实现创新创业教育与专业教育的深度融合。本书从"双创"（创新创业）入手，详细梳理了专创融合的理论体系，为高校走创新创业教育与专业教育相融合的新型发展路线提供了有益的借鉴，为在教育领域内推进"创新驱动发展"战略提供了理论支持。

本书内容共分为五章。第一章内容是专创融合概述，第二章内容是大学生创业能力的培养，第三章内容是大学生创业机会与风险，第四章内容是大学生创业计划书，第五章内容是高校专创融合教育实施路径。

本书在编写过程中，搜集、查阅和整理了大量文献资料，在此对学界前辈、同仁和所有为此书写作工作提供帮助的人员致以衷心的感谢。由于作者能力有限，写作时间较为仓促，书中如存在不足之处，衷心敬请广大读者给予理解和指教！

目　录

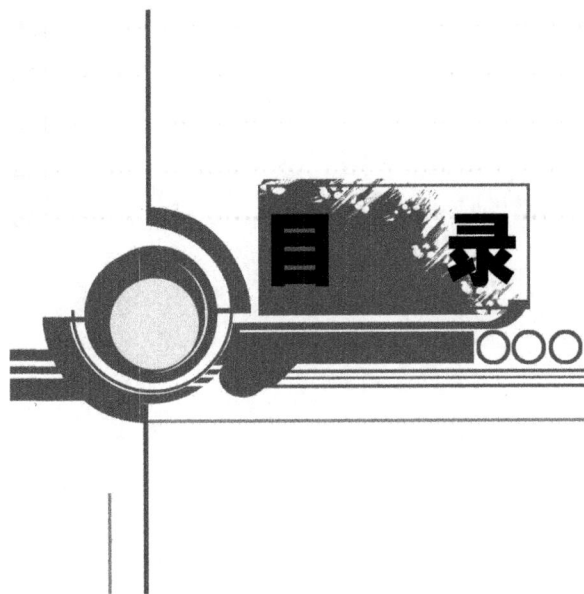

第一章

专创融合概述

创新创业、创业教育、创业孵化等作为教育工具、教育手段、教育模式在21世纪前20年逐步席卷国内高校。国家频繁出台宏观政策、逐步完善实施细则、持续加强窗口指导，各高等院校积极进行理论探索，展开试点实践，推进"双创"改革。创业教育逐渐从作为一项解决大学生就业难题的政策性举措转变为一个关系高校创新创业人才培养理念更新与人才培养质量提升的有效路径。

第一节　专创融合的提出

专创融合问题的提出是一个渐进的过程。从创新创业作为人才培养目标被重视，到赋予创新创业更多的未来担当，人们对创新创业的认识在不断地加深。创新创业早已不再是字面意义上的具象表现，而拥有了更多人才培养、经济转型、社会变革的内涵。

创业在高等教育中居于什么样的地位，这个问题直至今日还有人认为是为了解决毕业生就业难题而存在的。我们认为，创业在发挥就业支持作用方面，是副产品，也是必然的重要产品。创业教育如果运用于人才培养的全过程，能够解决教育中存在的一些难题，有助于提升人才培养质量，有助于弥合教育与市场、产业、岗位的鸿沟，创业的价值也不言而喻。因此，无论是研究创业工作，还是解决就业难题、推动创业实践，都应该有更为广阔的视野，并有效解决与"人才培养"结合这一关键问题。

当然，从创业工作渗入教育的历史背景来看，把创业当成就业的补充，当成就业的支持工具的想法和做法，都有一定的客观性。

一、创业最早是作为就业支持工具被认识和运用的

（一）创业作为就业支持工具的历史背景

学校究竟为什么要开展创新创业教育？这一问题是1997年被提出的。对外，是一场烧至大门口的金融危机——东南亚金融危机，整个东南亚黄金30年的发展成果毁于一旦，各国货币相继贬值，出口饱受压力，新崛起的民营企业举步维艰；对内，新一轮国企改革箭在弦上。为了避免新的劳动力涌入就业市场给就业带来更大的压力，为了提高我国人口的教育水平和劳动力质量，1999年，高校扩招启动。1998年11月，经济学家汤敏以个人名义向中央提交了一份建议书《关于启动中国经济有效途径——扩大招生量一倍》，建议中央扩大招生数量。在这份建议书中，他给出了5点扩招理由，其中之一就是国企改革带来的大量下岗工人如果进入就业市场与年轻人竞争会出现恶性局面。1998年，我国高考报考人数为320万，录取108万人，录取率为34%。1999年，按当年统计，全国普通高校招生160万人，比1998年增加了52万人，增幅高达48%。到2001年，高校录取人数达到260万人。之后的10年，招生人数更是大幅增加，到2012年，新生人数突破680万人。

内外部环境的变化，在校生人数的激增，不可避免地在短时间内给高校的就业带来了巨大压力。在这种背景之下，中央提出鼓励大学生创新创业的政策，自然很容易被定位为一个缓解就业难题的举措。

（二）创业对就业支持工具作用的确认

从1997年开始，"创新""创新创业"逐步成为党的报告的"常设"选题。党的十五大报告提出要"深化科技和教育体制改革""有条件的科研机构和大专院校要以不同形式进入企业或同企业合作，走产学研结合的道路，解决科技和教育体制上存在的条块分割、力量分散的问题。鼓励创新、竞争和合作。实施保护知识产权制度"。这是首次在党的报告中提出"产学研结合"，要用"创新、竞争和合作"化解科技和教育的条款分割。

党的十六大报告提出"引导全社会转变就业观念，推行灵活多样的就业形式，鼓励自谋职业和自主创业""要形成与社会主义初级阶段基本经济制度相适应的思想观念和创业机制，营造鼓励人们干事业、支持人们干事业的社会氛围，放手让一切劳动、知识、技术、管理和资本的活力竞相迸发，让一切创造社会财富的源泉充分涌流，以造福于人民"。党的十七大报告强调"实施扩大就业的发展战略，促进以创业带动就业"；要"完善支持自主创业、自谋职业政策，加强就业观念教育，使更多劳动者成为创业者"。党的十八大报告指出"推动实现更高质量的就业"；贯彻"政府促进就业和鼓励创业的方针"；"实施就业优先战略和更加积极的就业政策。引导劳动者转变就业观念，鼓励多渠

道多形式就业，促进创业带动就业，做好以高校毕业生为重点的青年就业工作和农村转移劳动力、城镇困难人员、退役军人就业工作。加强职业技能培训，提升劳动者就业创业能力，增强就业稳定性"。

在党的十九大报告中，又进一步指出"就业是最大的民生……，鼓励创业带动就业"。要求全社会提供全方位公共就业服务，促进高校毕业生等青年群体、农民工多渠道就业创业。在2018年7月31日的中共中央政治局会议上，中央提出了稳就业、稳金融、稳外贸、稳外资、稳投资、稳预期的工作重点。2020年4月17日中共中央政治局会议进一步增加了保居民就业、保基本民生、保市场主体、保粮食能源安全、保产业链供应链稳定、保基层运转的工作抓手。"六稳""六保"是政府工作报告的基调，被反复提及。在"六保"的各项指标中，保市场主体是保居民就业、保基本民生的前提，也是粮食能源安全、产业链供应链稳定的重要保证。因此，保市场主体是"六保"的关键，"六保"又是"六稳"的工作抓手和观测指标。"六稳"之中，稳就业首当其冲，这是因为就业是第一民生工程，也是其他"五稳"的基础和保证。就业必须依赖企业主体的稳定和新主体的诞生，保市场主体和稳就业成为"六保""六稳"的关键着力点，两者的交叉点就是创新创业。

党的二十大强调"强化就业优先政策，健全就业促进机制，促进高质量充分就业"。就业是最大的民生，一头连着经济发展，一头连着百姓"饭碗"。只有把就业"饭碗"端稳了，广大群众的日子才能安定、踏实、有奔头，才能全面提升群众的幸福感和获得感。直播带岗、送岗下乡、夜市招聘……今年以来，就业服务不断创新、加码，就业平台不断延伸、下沉，打造群众家门口的就业"强磁场"，畅通服务群众的"最后一公里"，更多群众圆了自己的"就业梦"。

可见，在最早的实践和中央指导中，创业都是作为就业的支持工具出现的。其背后的逻辑是，中央一贯把就业作为首要的民生工程，作为为人民谋幸福的重要抓手。所以，中央十分重视创新创业在形成就业供给和提升就业市场活力方面的重要作用。

（三）创业支持就业在教育领域的演进

党的十五大之后，教育部即开始积极酝酿教育与产业结合的具体举措。1998年12月，教育部印发《面向21世纪教育振兴行动计划》，提出实施"高校高新技术产业化工程"，要求"加强对教师和学生的创业教育，采取措施鼓励他们自主创办高新技术企业"，把创业教育作为推动中国高新技术企业发展的重要力量。1999年6月，《中共中央、国务院关于深化教育改革，全面推进素质教育的决定》（以下简称《决定》）出台。《决定》提出：实施素质教育，要以提高国民素质为根本宗旨，以培养学生的创新精神和实践能力为重点，造就"有理想、有道德、有文化、有纪律"的德智体美等全面发展的社会主义事业建设者和接班人。高等教育要重视培养大学生的创新能力、实践能力和创业精神，普遍提高大学生的人文素养和科学素质。

《教育部关于全面提高高等职业教育教学质量的若干意见》（教高〔2006〕16号）提出"要针对高等职业院校学生的特点，培养学生的社会适应性，教育学生树立终身学习理念，提高学习能力，学会交流沟通和团队协作，提高学生的实践能力、创造能力、就业能力和创业能力，培养德智体美全面发展的社会主义建设者和接班人"。原劳动和社会保障部办公厅《关于进一步做好2006年高校毕业生就业有关工作的通知》（劳社厅发〔2006〕17号）指出要"加强对大学生的创业培训和创业服务"，要求各地将大学生创业培训工作纳入当地创业培训工作总体规划，组织有积极性的高等学校开展大学生创业培训工作，引入"产生你的企业构思"（GYB）培训，将"创办你的企业"（SYB）培训作为试点院校选修课程，并加快培养一批高校创业培训教师。对经创业培训合格的学员，要纳入当地创业服务体系，提供项目开发、专家指导、小额贷款等一揽子服务，帮助他们成功创业。

二、创业孵化开始成为高校创业工作的重要内容

（一）举办创业计划大赛，开启大学生创业孵化的先河

为发挥就业支持创业、就业带动创业的作用，鼓励和支持大学生创业，降低创业风险和创业成本，提高创业成功率，1999年，在团中央已连续主办四届"挑战杯"全国大学生课外学术科技作品竞赛的基础上，清华大学承办了首届"挑战杯"中国大学生创业计划竞赛，在我国开启了大学生创业孵化的先河。该赛事注重市场与技术服务的完美结合，商业性强，对培养学生的创业精神十分重要。目前，创业大赛已经成为各级各类主管部门创新创业工作的重要抓手。

2015年开始，教育部牵头组织的中国"互联网+"大学生创新创业大赛已成为全国参赛人员最多、参赛项目最多、组织规模最大的创业赛事。除此以外，还包括以大学生为主要参赛对象的赛事、各地教育主管部门组织的各类大赛，以及各地以"招才引智"为目标组织的大学生创新创业大赛。

一般而言，创业大赛是一种创业孵化的综合形式，目的是借助风险投资运作模式，推动大学生创新成果转化。国际上最早的大学生创业大赛可以追溯到1983年美国得克萨斯大学奥斯汀分校举办的首届大学生创业计划竞赛。此后，在此类赛事影响下，一些知名企业得以诞生，如excite、yahoo等。国内也有大量的知名企业通过创业大赛得到投资人和社会的认可，比如人工智能的独角兽企业库柏特科技有限公司、"互联网+公寓"的领军企业可遇科技有限公司等。总体来看，创业大赛在孵化学生创业上，至少有3个重要作用。

1. 全面点燃学生的创业激情

创业大赛既有搭台集中展示项目和为风投机构选择好的投资标的项目的作用,又有非常好的教育意义。创业者在台上充分展示、受到鼓舞,大量学生观众、项目参与者在现场受到感召,完美塑造着早期的创业文化形态,为青年学生重塑人生理想和创业激情助力。

2. 系统诊断学生的创业项目

在创业实践中,再好的项目都难免有瑕疵。创业大赛是与创业导师、投资人面对面,获得较为全面指导的一次机会。同时,创业者要在大赛中取得好的成绩,要想在路演时表达得足够清楚,也需要重新梳理和打磨自己的项目,从而将自己的项目推上一个新的台阶。创业大赛既是该项目自我完善的过程,更是一次专家、同行、投资人系统诊断、改进的过程。

创业大赛前后,主办方、学校还会组织各类培训活动,有针对性地提高项目的质量和竞争力,对于打磨创业项目也有较为明显的作用。

3. 宣传推介学生的创业企业

创业大赛作为一个集中展示的平台,有主办方,有大量观众,还有主管领导和创业者。这样的环境几乎就是一个最佳的免费宣传项目和产品的机会。

中南财经政法大学创业者陈××,以PPT的专业服务为创业方向,在细分市场上取得了十分骄人的成绩。在参加2017年"我选湖北"创业大赛决赛时,其精彩的展示赢得现场一片喝彩,大家都为他的专业度和创业精神所感动,有的单位当场决定将PPT的制作服务外包给陈××,助力他的项目再上一个台阶。

当然,随着创业赛事活动越来越多,各地也存在一些重形式不重内容、重赛事不重转化、重奖项不重效益的情况,有一些过度包装、虚假宣传的行为,但总体而言,瑕不掩瑜,创业赛事活动在促进青年学生成长成才方面发挥着积极作用。

值得一提的是,这一时期,创业大赛、科技成果转化相得益彰,共同为"大众创业、万众创新"寻找路径。科研院所的大量成果,在转化为生产力、转化为新的企业主体方面,跟创业孵化、创业大赛有了很好的融合。我们经常看到,包括"互联网+""创青春"在内的各类大赛中,学生项目采用的技术,有很大的比例是教授们的科研成果,当然也不乏学生自己的科研成果。

(二)建立创业孵化基地,成为高校基础设施建设必要组成部分

通过宣传、教育、活动激发,学生的创业项目越来越多,孵化场地的需求也变得特别迫切。2008年,国务院办公厅转发人力资源和社会保障部等部门《关于促进以创业带动

就业工作指导意见的通知》（国办发〔2008〕111号）提出了加大培训力度、提高培训质量、建立孵化基地、健全服务组织、完善服务内容等政策，第一次提出了要大力建设创业孵化基地。要求"地方各级人民政府要统筹安排劳动者创业所需的生产经营场地，搞好基础设施及配套建设，优先保障创业场地。可在土地利用总体规划确定的城镇建设用地范围内，或利用原有经批准的经济技术开发区、工业园区、高新技术园区、大学科技园区、小企业孵化园等建设创业孵化基地，为进入基地的小企业提供有效的培训指导服务和一定期限的政策扶持，增强创业企业的经营管理和市场竞争能力，提高创业稳定率"。

2009年，政府工作报告提出要"加快建设一批投资少、见效快的大学生创业园或创业孵化基地"。2010年，出台了《教育部关于大力推进高等学校创新创业教育和大学生自主创业工作的意见》（教办〔2010〕3号），提出一方面要加大高校创业教育力度，另一方面要建立高校创业孵化基地并完善孵化基地配套设施和服务。此后，各大高校纷纷响应国家号召，依托高校平台建立了高校创业孵化基地。

（三）创业导师队伍建设和创业资源整合也成为重要工作

创业团队的成长、创业基地的建设，离不开一群有理想、有经验、有公益心的引路人，我们把这样的一群人称作"创业导师"。

中央及各级政府部门也十分重视大学生创业导师队伍的建设。2015年，《国务院关于大力推进大众创业万众创新若干政策措施的意见》（国发〔2015〕32号）要求"健全创业人才培养与流动机制。把创业精神培育和创业素质教育纳入国民教育体系，实现全社会创业教育和培训制度化、体系化。加快完善创业课程设置，加强创业实训体系建设。加强创业创新知识普及教育，使大众创业、万众创新深入人心。加强创业导师队伍建设，提高创业服务水平"。

共青团中央办公厅印发《关于高校共青团积极促进大学生创业工作的实施意见》（中青办发〔2015〕2号）指出，各地各高校团委要立足于创业意识培养、创业能力提升、创业实践锻炼等工作内容，从举办系列创业讲堂、普遍开设创业课程、培育创业社团协会、完善创业竞赛体系、组建创业导师团队、联合打造创业基地、争取创业资金支持、构建政策服务平台、寻访选树创业典型等九方面出发，建立健全高校共青团促进大学生创业工作体系。在科技部办公厅印发的《国家科技企业孵化器"十三五"发展规划》通知（国科办高〔2017〕55号）中提出"提升孵化质量，带动创业服务精益发展"，要求"以创业者的需求为导向，强化'创业导师+创业辅导师'制度和职业化管理服务队伍建设，扩大孵化器与第三方专业服务机构合作，建立专业化、网络化、开放化的服务机制，扩大创业服务供给，提升增值服务水平"。

目前，地方政府部门一般都建有多支不同类型的创业导师队伍，导师团互相交叉、互相配合，为活跃当地的创业文化、培育创业者作出了重要贡献。高校也十分重视创业导师队伍建设。创业导师不同于专业教师，除具备一定的专业知识外，还需要具备丰富的创业教育知识、企业工作经历或创业经历、社会阅历等。因此，在创业导师的培养上，高校一方面采取"培养+考核+遴选"的方式培养自己的创业导师，一方面寻求外部资源合作。

三、重视创业课程开发和创业教学成为创业教育的转折点

（一）创新创业的育人价值不断凸显

起初，无论是将创业当成支持就业的工具，还是引申到关注和孵化创业团队，都仅仅是把创新创业当成一项"工作"，这项工作的主要目的是促进就业、缓解就业压力，所以无论从学校决策、机构设置的角度，还是从思想认识、工作推进的角度，大家的出发点都是将创业当成了就业工作的一个补充。我们看到，高校最初把创业工作职能都赋予了就业或学生工作部门，或在相关部门下面设立"大学生创业中心"等类似机构，就是基于这样的一个基本认识。

既然这是一项服务于就业的工作，创业工作的主要力量当然就是学生工作系统的工作人员、党务工作者和辅导员。这样的工作导向很难处理好创新创业工作的开拓性与日常管理、教育之间的关系，这也是创新创业工作从一开始就没有很好地调动教学力量，没能很好地融入课堂、融入专业教育和人才培养的重要原因。所以，我们几乎可以发现一个基本规律——凡是将创新创业工作定位为就业补充的学校，创新创业工作获得突破的难度相对都比较大。

（二）创新创业渗入课堂成为新的方向

随着创新创业工作的开展，大家逐步发现，创业即使是作为就业的补充，也需要对大学生开展创新意识、创业能力的培养。必须立足于人才培养，必须深入课堂，并以课程为载体来促进创新创业能力的培养，使其逐步成为大家新的共识和工作方向。

2002年4月，教育部确定清华大学等9所高校为首批创业教育工作改革试点高校，各高校开始研究如何开设创新创业课程，创业教育与专业教育相融合的思考与实践正式起步。这一阶段，人们更多地希望将创新创业教育植入课程或者变为相应的课程，植入人才培养方案或人才培养过程，具有典型的"课程属性"。

2010年，《教育部关于大力推进高等学校创新创业教育和大学生自主创业工作的意见》（教办〔2010〕3号）要求，"把创新创业教育有效纳入专业教育和文化素质教育教

学计划和学分体系，建立多层次、立体化的创新创业教育课程体系。突出专业特色，创新创业类课程的设置要与专业课程体系有机融合，创新创业实践活动要与专业实践教学有效衔接，积极推进人才培养模式、教学内容和课程体系改革。加强创新创业教育教材建设，借鉴国外成功经验，编写适用和有特色的高质量教材"。

2012年8月，教育部印发的《普通本科学校创业教育教学基本要求（试行）》中指出："高等学校要把创业教育教学纳入学校改革发展规划，纳入学校人才培养体系，纳入学校教育教学评估指标，建立健全领导体制和工作机制，制定专门教学计划，提供有力教学保障，确保取得实效""高等学校应创造条件，面向全体学生单独开设'创业基础'必修课。支持有条件的高等学校根据办学定位、人才培养规格和学科专业特点，开发、开设创业教育类选修课程（含实践课程）。把创业教育有机融入专业教育，加强相关专业课程建设。把创业教育与大学生思想政治教育、就业教育和就业指导服务有机衔接""高等学校应明确职能部门，负责研究制定创业教育教学工作的规划和相关制度，统筹协调和组织学校创业教育教学工作""高等学校要根据专任为主、专兼结合的原则，按照学生人数以及实际教学任务，合理核定专任教师编制，配备足够数量和较高质量的专任教师"。

2014年9月，时任国务院总理李克强提出要推动"大众创业、万众创新"。2015年5月，国务院办公厅发布《关于深化高等学校创新创业教育改革的实施意见》（国办发〔2015〕36号）；2015年12月，《教育部关于做好2016届全国普通高等学校毕业生就业创业工作的通知》（教学〔2015〕12号）要求从2016年起所有高校都要设置创新创业教育课程，要面向全体学生开发开设创新创业教育必修课和选修课，并纳入学分管理。

2015年9月，《国务院关于进一步做好新形势下就业创业工作的意见》（国发〔2015〕23号）提出"统筹推进高校毕业生等重点群体就业""加强就业创业服务和职业培训""利用各类创业培训资源，开发针对不同创业群体、创业活动不同阶段特点的创业培训项目，把创新创业课程纳入国民教育体系"。

创新创业教育从最初尝试进入课堂，到正式有了官方的强制标准。各高校开始纷纷开设创新创业课程。更多人认识到，以课程方式培养创新创业能力应是更为有效、更为理性的选择，课程应该成为创新创业能力培养的主渠道。课程的开发、教学的组织，也成为各高校创新创业工作的重点。与之相适应，学校的管理机构也开始发生变化，一个明显的特征是，许多学校开始设立创业学院，创新创业教育职能逐步赋予创业学院。

四、"专创融合"走近教育视野

2015年开始，伴随着"大众创业、万众创新"理念在各领域的深入渗透，各高校开始了创新创业教育的深入探索。一方面，对开发、开设创新创业课程，实施课程教学有了深入的思考和实践，各地也涌现了一大批优秀的教材、课程、师资；另一方面，各地开始十分重视创业孵化和创业孵化基地的建设。虽然缺乏权威的统计数据，但90%以上高校建有一定规模的孵化器或众创空间，并开展了丰富的创业活动，已成为基本事实。伴随产教融合的加速及其他教育项目的改革，学校也更加积极主动地与社会、行业和企业对接，为创新创业工作带来了很多新思路和丰富的教育资源。

不难看出，创新创业在教育和人才培养领域是由浅入深、由外而内逐步渗透的。从最初的鼓励和支持创新创业、以创业带动就业、为创新创业提供条件，到开展创新创业教育、融合各类资源支持创业教育、将创业元素渗透进专业教育。2017年后，专创融合、创业教育是专业教育的培养手段和培育模式逐步成为共识。当然，形成这种共识十分不易，走过了十分艰难的探索历程。对专创融合的模式问题，众多专家见仁见智，都一直试图给出解决方案。

（一）把创业元素植入人才培养全过程

这种观点是目前较为普遍的一种专创融合观点，他们认为，应该在以就业为导向的各专业人才培养目标中融入创新创业元素，结合专业培养的需要，健全创新创业教育课程体系，面向全体学生开设研究方法、学科前沿、创业基础、就业创业指导等方面的必修课和选修课。具体形式包括以下两种。

1. 创业班的形式

采用双向选择、过程控制、全面考核等方式，选拔具备创业意愿、创业条件、有创业项目的学生群体组建创业班（有些学校也叫"梦想班""卓越班""自强班"等），采用新型教学模式、管理模式、服务模式、考核模式和实训模式，培养和孵化一批创业者，提高创业成功率。教育过程采取的是"学分替换"的方式，用创业行为或创业课程代替相关的专业课程。学生毕业时，获得原专业的毕业证书。

对于有创业愿望和创业实践的学生，为其量身定做学习计划。可以选择业余教学、自主学习、灵活考核、弹性学制、学分替换等方式，为学生创业提供便利条件。对于符合条件的学生，应推荐至创业学院的"企业家班"，利用"创读结合"的学习形式，培养其创业意识和创业能力，扶持其创业行为。

2. 融入专业培养过程的形式

在以就业为导向的各专业人才培养目标中融入创新创业元素，各专业根据实际情况逐步增加教学内容，让学生初步了解创业历史、本专业领域内的创业典型人物和企业，掌握创业基础知识，使学生在专业学习基础上拓宽职业发展思路，激发创新思维，具备在本专业领域内寻找创业方向、提升创业实践的能力，以及培养学生具备处理创业企业各类问题的能力等。结合专业培养的需要，健全创新创业教育课程体系，面向全体学生开发开设研究方法、学科前沿、创业基础、就业创业指导等方面的必修课和选修课。在原有各专业课程体系中的学习领域进行调整，根据专业发展趋势和市场变化，及时调整专业课程，去掉陈旧、不合时宜的课程，增加专业、行业最新发展趋势的课程。

人才培养方案的制定，应逐步选取可以将课程内容设定为创业场景的课程，并开发新课程用以替代原有课程。如软件技术专业的"Web应用系统开发"可以转换为"Web应用系统开发与开发项目创业实践"，特种加工技术专业的"激光加工"可以转换为"激光加工及创业"，园林工程技术专业的顶岗实习直接转换为"虚拟现实技术在园林工程中的应用创业实践"，等等。

将创新创业知识学习领域充实到人文素质拓展学习领域，将"创新创业基础"作为公共必修课开设，将"创业实务"及创业过程中必须具备的管理、营销、谈判、礼仪、形象设计等课程作为选修课陆续开设。以引导学生积极思考、指导学生解决实际问题、激发学生创新思维、培养团队合作精神作为改革课程教学方法的方向，要求在课程教学中围绕现实问题、围绕学科发展前沿、围绕行业实际和创业实践，更有针对性地在部分内容上采用讨论式教学、案例式教学、项目式教学、创业团队运营式教学等教学模式。

鼓励开放式的、多样化的课程考核方式。变知识点的记忆考核为知识点的运用能力考核，变单一的期终考核为过程考核，变单一知识的考核为综合能力素质考核，变统一标准答案考核为开放观点合理创新考核，变纸质考核为实践操作考核。配合教务处每年开展一次课程考核方式评比，对体现应用能力和创业能力考核的课程责任教师给予相应表彰。

（二）根据专业差异选择不同的专创融合模式

专创融合即专业教育与"双创"教育的有机融合和紧密结合。我们把这种融合大致分成了7种模式。

1. 培养方案融入式

某专业在制定本专业培养方案时，把创业型人才培养类型纳入专业培养方案中。为了实现创业型人才培养目标，在培养方案中设计了一个创业型人才培养课程体系模块。在专业培养方案中，通过创业型人才培养课程体系模块，实现了专业教育与创新创业人才培养的有机融合，这种通过将创业型人才培养课程体系模块直接体现在专业培养方案中的模式，能够确保创新创业型人才培养的实现。

2.科创结合式

学生参加或自行设计一个创新项目，以创新项目为载体，在专业教师的指导下，实现由技术创意、实物创造，到产品创业。每一个普通教师和学生都可以根据本专业所对应行业或产业的实际社会需求，或市场对本专业产品的需求，设计或参与到一个创新项目中去。每个人根据自己的特质或专长，在完整的创新创业链条中不必完成全部过程，只需在创意、创造、创业三个阶段中做自己擅长的东西。传统创新项目中的成果呈现方式主要是论文或专利，而科创结合式则强调如何把创意的成果做出来（样品），这样能更好地培养学生专业的动手能力、工程能力和实践能力。这样的创造成果可以实现创新项目成果的技术转化、专利许可，从而使科创结合模式成果的社会价值得到更好的体现，使创新者得到经济收益。当然，一些领袖素质和商业素质较强的学生也可以把有社会需求的创新项目进行商业化，即创业。

3.专业产业结合式（或校企结合式）

工科与非工科、经管学科与法学学科在专业产业结合模式的形式、载体、途径等方面是有差异的。专业产业结合式强调在实施专业培养方案时，要紧密结合专业对应的企业实际需求，把真正的企业实际需求作为学生专业学习中作业、课程设计、毕业设计等环节解决问题的选题内容，通过引进专业对应的企业工程师作为学生完成这些作业、作品的指导师资，充分整合企业的师资、设备等资源，完成创新创业型人才的培养。

4.师生共创式

专业教师利用自己的专业技术、发明专利、科研成果等，通过和创新创业学生团队合作，运用商业的方式，实现教师科技成果产业化和商业化。通过师生共创模式，实现高校科技成果转化和创新创业人才培养。

5.专业嵌入式

在各门专业课程的教学中，教师依据专业课课堂，把正确的创业价值观和创业文化嵌入每门专业课程中去，通过讲授专业课相关内容，把创新创业的意识、思维、精神、品质、素质等内容恰当地植入教学内容中去，从而培养广大学生具有一定的企业家精神。

6.专赛结合式（或课赛结合式）

在专业学习或课程学习中，设计或参加一些赛事活动，以赛事活动为载体，增加学生参加学习的主动性、竞争性，从而通过赛事活动培养学生的动手能力、组织能力、设计能力、写作能力、演讲能力等，达到培养创新创业人才能力和素质的目标。

7. 知行合一式

在专业教育中，坚持知识学习与社会实践相结合，坚持知识学习与素质养成相结合。以知行合一为指导思想，设计不同的具有专业或行业特色的系列活动，通过系列活动实现创新创业人才培养的目的。例如，"五个一"活动设计每日一设想、每日一观察、每周一交流、每学期一创意、每人一项专项等。

（三）专创融合是一种完整的人才培养模式

专创融合问题的提出，是在"双创"大背景下，在认识到创新创业为各行各业、社会各层面释放了无穷活力的基础上。我们发现，长期以来，困扰教育改革的诸多难题可以借由这一途径得到解决。因此，笔者认为，专创融合是指在专业建设和人才培养中，以专业为出发点和归宿，逐步用创新或创业的场景去打通人才培养全过程，打通尽量多的专业课程。在这种综合场景下，变革教学模式、管理模式、考核模式，以实现因材施教、翻转课堂，促进人才培养模式的变革。这些场景的运用，是通过将传统的班级分成一个又一个的学习小组、创新团队或创业团队，以小组或团队为教学和管理的基本组织。在专业教学期间，将课程教学目标精准化，将教学考核标准可视化，将学习和成长主要责任和主动权都交给学生，让他们在具体的创新或创业实务中，自动打通每一门课程，运用课程理论、工具、方法去构建自己的创新目标、创业目标和学业目标，如图1-1所示。

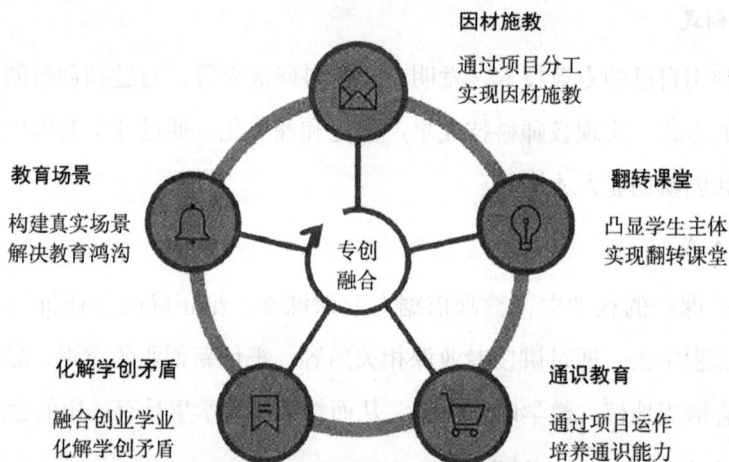

图1-1 "专创融合"要实现的教育目标

1. 创业教育补足了通识教育场景

一般而言，专业教育或职业教育以外的教育都可称为通识教育。通识教育是一种通过共同内容来培养"完整的人"的教育，它旨在通过所有学生对共同内容的学习与体悟，使其在基本知识、必备能力、健全人格、价值共识等方面达到一定的水平和标准。我国自古便有进行通识教育的传统。古代以"四书五经"为中心的，用以科举取士的经典人文教育，在某种意义上接近于亚里士多德的"自由教育"。中国传统的经典人文教育处处涉及宇宙认知、自我评估，以及人际关系协调等人生重大问题，这些都是通识教育的应有之义。

如果把通识教育要培养的必备能力称作通识能力，我们会发现，现在的大学教育，有一些通识能力鲜有培养渠道。这些通识能力，在未来的人生历程、职业生涯当中又非常重要，但在宝贵的大学时光中，我们没能在教育领域中去触及。比如说，即兴演讲能力、行业观察能力、研究能力。这些能力与专业能力一起，才能构成一个完整的专业人格。以行业观察能力为例，它事实上是结合专业的独特性进行的一种观察、思考以及总结的能力，在一个完整的专业培养计划结束时，学生应该具备这样的能力。事实上，由于我们的教学模式是一门课程一门课程相对独立地开设、教学，受教育者很难有一个完整的认知：所有课程加到一起，应该是一个什么样的专业修养、专业能力？学生难以针对一个行业形成运筹能力、观察能力、分析能力。

如果把学生带到一个项目设计的情境和流程中去，我们可以发现其中的不同。项目设计首先要选择一个行业作为项目设计的依托，这需要对行业有深刻的感知，才能找到准确的痛点。培养行业观察能力，就成为一个自然的过程。学生把项目设计出来，一定要反复地讲给别人听，让别人对项目进行批评、指正，甚至辩论，这是沟通能力、表达能力、演讲能力的培养途径。把一个项目的设计流程展开，并植入所有的专业课程中去，既是对专业教育的有益补充，又是培养专业人才的有效途径。更重要的是，我们会发现有很多在传统的课堂教学中无法培养的能力在这里得到体现。

还有一种十分重要的通识能力——职业道德，在传统的教育情境下很难体现。在我们的专业培养目标中都有以培养符合社会主义道德或社会主义公德为基础的职业道德表述，但是，我们需要思考，在人才培养中是怎样培养职业道德的呢？

很多人说职业道德是通过思想政治教育来实现的。事实上，思想政治教育如果只是喊口号，是很难培养职业道德的。

如果每个同学都在三年或者四年的一个项目设计团队中开展工作，那么，在项目的实施过程中，他们会充分感受到，如果一个人不讲职业道德，会给其他人带来很多麻烦。在项目设计最艰难时，一个人说太难了，我不干了。这是不是不讲职业道德？尤其是创始人，一定会感受到半途而废的这些人对创始人和团队的损害是多么大，他们是多么不讲职业道德。从某种意义上讲，这就是翻转课堂，它让学生自己在实践中学习，总结应该学习的知识，形成良好的职业操守。

2. 创业教育呈现了极佳的人才培养效果

无数创业者的成长历程表明，创业是非常全面的人的成长方式。创业场景赋予的人才培养环境是传统的、经典的学校环境所无法赋予的。

首先，在人的能力体系中，相对比较强的能力，都不是靠传统的课堂教学来获取的，也就是说，所有的人，其较强的个人能力，都不是靠教的，而是在实践当中、在遇到困难并克服困难的过程中，甚至是遇到陷阱并识别陷阱的情境中学会的。

相反，如果我们能够在有限度、能控制的现实场景中，让他们自己去发现问题、分析问题、解决问题，去遇见挫折、克服困难，去接触市场、感知市场、感知人心，对他们的成长一定更有价值。

什么样的场景最能实现这个效果，也就是说既有目标、可控制，又能尽量多地遇见困难、濒临险境？答案是依托专业开展的创新活动和创业实践。创新活动和创业实践的过程，就是对一个人的最好、最全面的培养。

3. 创业教育能够让割裂的培育场景融合起来

我们的专业教育一向缺乏场景，讲技术就只讲技术，讲工具就只讲工具，并存在课程间割裂，课程目标与专业目标不匹配等问题。如果我们的教育能够用一个综合的创新场景或创业场景，去打通所有课程，并在这个大场景中，完成相应的模块任务，那么就完成了课程的教学目标，这个问题就得到了很好的解决。

一般认为，专业教育是要培养一种具有专业人格的职业人。那么，专业人格是怎样构成的呢？首先是所有的专业课程培养目标加总，而且是无缝融合。这些课程的培养，是不能割裂的，割裂了，学生就没有了完整的专业认知，就更加无法具有较强的行业观察能力和解决问题能力。但是我们发现，专业课程的培育过程恰恰极易割裂，原因是我们的课程是一门课程一门课程地单独教学，一个学期一个学期地独立考核。所以，我们需要一些综合的场景，能够连通所有的课程，也就是说所有课程的培育目标，都可以在这个场景中得到落实和检验。这样的场景就是创新的场景或者创业的场景。

以交通工程专业为例，交通工程专业的新生们从进校的那一刻起，如果能够被有效地分成一个个创新小组，他们大学四年的任务就是要研究一个又一个具体的交通问题，找出解决方案，那么他们的教育场景就有了。比如其中一组四年的研究目标是拿出一个某地某区街道口的交通规划方案，这个交通规划方案能够有效地解决街道口的交通拥堵问题。他们四年后的显性成果是论文和规划方案。在完成论文的过程中，他们首先要学习研究的方法，要学会一些规划的工具和手段，要具备系统的思考能力等。在这个过程中，有教师进行全程指导和控制，学生在教师引导下将自主学习与协作学习相结合。传统的老师教、学生听的教学场景，改变为老师布置团队任务，了解任务进度，帮助解决难题，将这些任务与人才培养方案的具体课程衔接起来，这便是一种很好的培养场景。

第二节　专创融合的研究对象

一、专创融合的内涵与外延

（一）专业教育

毫无疑问，专创融合首先强调的是"专"，也就是专业。这是当前高等教育的基本单位。专业一词源于英文中的profession，由拉丁语演化而来，与行业（trade）相对应。随着历史的发展和文化的变迁，profession一词的内涵得到了拓展，用来指代专业性职业的profession一词，在英、法语系国家被广泛使用。这一词义对应的德语为beruf，即拥有学术、自由、文明等特质的社会职业。

1.专业教育的现状

现在的高校，多以专业作为基础的教学组织单位。高校的这种教育形式，有着丰富的社会学和社会需求的背景。在社会学家眼中，专业具有认可度较高的三种基本属性：其一，专业是一种正式的全日制职业；其二，专业具备能通过教育与训练获得的高深知识与技能；其三，专业需为其客户及公众提供无私的高质量服务。"专业"是一个与"职业"虽有区别但又密切联系的概念。社会学领域中的专业是一种专门性的职业，与一般的职业有所区别，只有具备一定专业特征的社会职业才能称为专业。社会职业是社会劳动分工的结果，专业则是社会劳动再度分工的产物。教育学领域中的专业与职业也有着千丝万缕的联系。专业是一种教育性概念，通常指向多个职业；而职业对应社会岗位，需要依托专业。

大学开展专业教育的认识基础是，专业是具备高水平技术能力并能服务于公众需求的职业。专业从业者必须经过长期专门化教育，掌握系统的专业知识，形成独特的判断力和心智，养成专业精神和专业伦理，最后通过资格认定获得专业资格证。由于专业处于动态发展中，因此专业从业者需要不断更新知识，掌握新技术。专业教育是以专业为依托，并包含高深学问的一种模式，它以培养专业知识、专业能力、专业伦理一体化，能够胜任专门工作的合格实践者为目标。

从事专业教育的教育者应具备良好的教育技能，专业教育应在符合办学要求和具有高标准教育质量的教育机构来培育高素养人才，要保证受教育者在习得扎实的专业知识和技能培养的基础上，成长为具备较高专业技能和实践技能的高素质人才。这种教育又被称为"专门教育"。因此，部分专家表示："根据一定时期学科发展状况和社会行业分工的要求，对学生施加相应的教育内容，将学业分成一定学科类别，从而强化受教育者专业技能，是专业教育的根本目的。"伴随着我国社会环境的持续变化，高等教育也应不断进行改革工作。不仅要在培养受教育者基础理论框架的基础上加入与时俱进的教育理论，还应该注重对学生实践技能的培养，进而提升学生的自身素质和教学效率。

社会分工的精细化与人类劳动的专门化决定了高等学校要按专业来培养人才。但近年来，社会的急速变迁，导致我国的专业教育具有专业教育的形式而缺乏专业教育的实质，即专业知识过窄、过浅，专业能力薄弱，专业精神缺乏。因此，时代对专业人才提出了更高的要求。首先，我们应该肯定，专业是人们充分发掘自身潜能、展现才华的舞台，有了专业才有了我们今天的发展。正如马克斯·韦伯所言"任何真正明确而有价值的成就，肯定也是一项专业成就"。所以，人们还是会自觉或不自觉地对专业存在着一种尊重和感激，尽管专业有时限制我们想象和行动的空间。

2. 专业教育的局限

任何事物都有两面性，专业教育同样也不例外。对专业教育的局限性，我们似乎估计得远远不够。社会分工论不应成为通过教育而将人工具化的理由。"职业有高低，人格无贵贱"，社会每一个个体都有其不可剥夺的人性尊严。在当前的人才培养中，以专业教育为主要导向的培育模式，至少存在这样几个问题。

①传统专业教育缺乏场景支撑。在专业教育中，我们过多地依赖专业本身，设置了看上去丰富完整的课程体系。事实上，很多专业都是为各行各业服务的，如果只讲专业本身的课程，将对学生的成长、成才十分不利，因此需要将这些专业，放在各自不同的、丰富的培养场景中。

②传统专业教育有功利化倾向。以专业教育为基础的高等教育，过度强调职业训练，从而在某种程度上将教育目的物化、功利化，认为教育是为了谋生而不是为了生活，忽视了教育本身，转变了学生的兴趣。从长远来看，这可能抑制了专业探究的深度，导致高等教育对专业伦理、专业道德重视不够。专业教育只有与通识教育（如思政教育、法律教育）、实践教育（如专业见习实习、创新创业教育）相结合，才是完整的专业教育。

③传统专业教育在一定程度上限制了知识的整合。专业化减损了人文科目自身的影响

力，弱化了跨学科对话和专业实践，限制了知识的整合。过分注重专业知识，会导致学科间相互孤立，而现实是，一个高素质、完整意义上的"人"，必须有作为高级专业人才所应具备的专业素质，要有与他的知识水平、专业能力相当的人格水平，要有对公众和社会的责任感。

④传统专业教育存在阻碍人的全面发展的现象。专业教育课程门数过多，但学习每门课程的时间却十分有限，因此导致学习专业课程时不够深入。主张专业至上的就业心态，导致教育不重视学生身心的成长，不注重培养学生解决问题的能力。最终，只会阻碍学生的全面发展。

（二）创新创业教育

创新创业教育的概念最早于1991年在东京召开的创业创新教育国际会议中提出。会议认为：应将培养具备创新意识、创新技能和热衷于丰富自身创业理论的高素质人才作为创新创业教育理论的教育目标。

《关于大力推进高等学校创新创业教育和大学生自主创业工作的意见》（教办〔2010〕3号）（以下简称《意见》）中要求："把创新创业教育有效纳入专业教育和文化素质教育教学计划和学分体系，建立多层次、立体化的创新创业教育课程体系。突出专业特色，创新创业类课程的设置要与专业课程体系有机融合，创新创业实践活动要与专业实践教学有效衔接，积极推进人才培养模式、教学内容和课程体系改革。加强创新创业教育教材建设，借鉴国外成功经验，编写适用和有特色的高质量教材。"这既是对高校要开展创新创业教育的强制规定，也是第一次完整地把创新创业的基本任务、教育体系进行了描述，同时还有明确"专创融合"的意图。《意见》的颁布使得创新创业教育的理念正式、完整地得到确立，这对于促进我国经济社会发展，满足国家战略发展需要，推动我国创新创业教育发展具有里程碑式的作用。

相较于专业教育的"培养专门人才"的教育目标，创新创业教育的教育目标究竟是什么，无论是在理论界，还是在企业界、实务界，都没有形成统一意见。

伴随着社会的发展和"双创"理论的不断完善，部分专业人士指出：相较于培养出社会企业家，创新创业教育理论更应重视对受教育者的创新思维培养和创业技能的提升。在我国当前"全面深化改革"的背景下，教育改革也势在必行。基于这一原因，创新创业教育应以传统高校教育理论为基础，依据不同专业的特点来进行全面化的融入工作，以此来丰富传统教育理论，在与专业教育进行紧密融合的基础上，采用课堂+课外实践的教学模式，培育学生的创新精神，以此来引导和发散学生的创新思维，提高其创新和创业的积极性。

这种将创新创业教育定位于"受教育者的创新思维培养和创业技能的提升"的观点，

相较于"把创新创业教育当成是就业的支持工具、补充手段"的观点，已经有了很大的突破和进步，但这种观点依然把创新创业教育当成了传统教育手段和教育模式的组成部分，从而忽视了创新创业教育在促进人才培养模式改革、改造教育场景中的巨大作用。

笔者在后续的方法论环节中，将重点阐述创新创业教育在引进行业场景、补足教育场景缺失、实现学生主导、促进翻转课堂走进现实等方面的作用，探讨试点个性培养和专创融合的实施步骤、实现方式，让因材施教实现突破。

（三）专创融合

专业教育存在场景不足、门类狭窄等制约人的全面发展的现象，创新创业教育又存在"以就业为导向""培养创业型人才"的狭隘看法，所以让二者尽快融合，用创业教育的情景作为教育手段，去完善专业教育中的培育方式，改革教育模式、教学模式、管理模式和考核模式，成为必然。

在创新创业教育理论的探究层面和实践经验上，专业教育与创新创业教育的理论结合虽然暂时存在理论背离实践的弊端，但将其科学性地进行理论结合却是一种必然趋势。在实践中，究竟如何融合是眼前的又一难题。我们认为，专创融合不是单纯地为了培育创业型人才，更不是仅仅为了促进就业，而是要从根本上解决制约人才培养的一些难题。所以，它不是单纯地在培养进度中开设几门创新创业课程，也不仅仅是改革一些课程的教学模式，以实现基于课程的教育场景和教学模式的改革，而是要从人才培养的全过程实现教育场景的明晰化、综合化，实现教学模式的翻转化、考核方式的观测化、培养过程的个性化等。我们主张在专业建设和人才培养中，逐步用创新场景或创业场景去打通人才培养全过程，通过变革教学模式、管理模式、考核模式，实现因材施教、翻转课堂，促进人才培养模式的变革，如图1-2所示。

教育场景：创新场景或创业场景

社会需要
市场环境
行业痛点
企业需求

专业教育目标的实现
真实的行业场景打通人才培养全过程

因材施教目标的实现
基于场景中的团队分工

翻转课堂目标的实现
基于团队独立解决问题的过程

通识能力提升的实现
基于场景中的表达、改进和自我管理需要

职业道德目标的实现
基于团队合作和外部交往中的挫折感悟

图1-2 专创融合的场景价值

谈专创融合，就不能单纯地看创业谈创业，而是要把以专业教育为基础的人才培养，与创业教育有机地融合起来。在探讨这一问题时，我们需要解决的是：为什么要融合、怎么融合、融合的路径与方式等。

1．开展专创融合，变革教育场景

现在的高等教育培养场景，普遍存在与社会需求不符、与市场需求割裂、与企业需求游离、与岗位要求不匹配等情况。要让人才培养与人才供给与社会、市场、企业、岗位的需求有效对接，消除鸿沟，就必须创设新的教育场景。我们曾经尝试过用"模拟教学""实习实训""校企合作"等手段去弥合这一鸿沟，但效果不佳。

2．开展专创融合，实施因材施教

因材施教是指根据学生的兴趣、特长，结合专业开展有针对性的培养，从而能够有效地提高教育质量，提升社会运行效率和资源配置效率。

专创融合以团队和项目为基础，不同团队的成长场景、成长节奏互不相同，团队内部每一个人的分工各不相同。在选择项目和确定各自分工的过程中，充分尊重了每个人的意愿，为每个人都提供了自主选择成长道路的机会，这样的方式，让因材施教成为可能。

3．开展专创融合，实现课堂翻转

翻转课堂是一种调整了课堂主导权的教学模式，它把学习和成长的主动权交给了学生。在这种教学模式下，学生能够更主动地专注于学习，老师只是一个引导者、帮助者和倾听者。翻转课堂的目的是让学生通过更真实的学习体验，去总结和提炼知识，去实践和掌握技能，这是在对人的认知规律的认识和总结的基础上，最接近于最佳教育效果的一种教学模式。

专创融合的培养模式下，学生以项目为依托、以自主学习为基础、以协作学习为关键，在老师的引导和陪伴下独自发现社会痛点、寻找解决痛点的方案、打磨产品和团队、管理风险、制定计划，都是彻底的翻转课堂，由此将引发教师角色、课程模式、管理模式等一系列变革。在互联网尤其是移动互联网时代，各类专业知识更易检索的属性，以及学习手段的多样性，都使得真正意义上的翻转课堂更加接近现实。

（四）专创融合的基本原则

首先，要坚持以社会的需求为导向和坚持以学生成才成长为中心，这是我们开展专创融合教育教学改革的出发点和落脚点。以社会需求为导向，就会发现我们在专业建设领域存在的大量问题，就会理解学生在成长成才过程中的需求与学校供给的不匹配，能够为我们的教育教学改革指明方向。

其次，充分发挥导师不可替代的作用。专创融合是人才培养模式改革的一次重要探索，教师是实施人才培养的关键力量。因此，在推进专创融合的工作中，教师要有格局、有担当、有责任感，要站在人才培养的角度，来思考和推进专创融合。在专创融合初期，教师的很多工作量是难以得到承认的，可能对评职称没用，也无法核定报酬和评优评先，所以，在专创融合初期，教师必须有格局，有奉献精神。同时，教师还要有高度的责任感，把学生的成才成长当成自己的责任。

再次，整体运作、有序推进。专创融合要在从学校到市场、从职能部门到教学院系、从老师到学生的全场景中大开大合，不能进行有效的整合资源是无法推进专创融合的。在推进专创融合时，需要团队，需要调动教师和学生的积极性。因此，实施专创融合者要有资源整合能力、组织领导能力和较强的专业能力，从而能够在学校进行整体运作，有序推进专创融合改革。

二、专创融合的研究与实践

（一）美国的研究与实践

美国市场化较为充分，教育与市场的接轨比较彻底，创新精神、创业能力的培养较多地根植于教育教学的全过程。

1．比较健全的法制体系是专创融合的基本保障

美国是老牌资本主义国家，其资本主义市场经济、法制等方面虽有不少缺点，但与资本主义市场经济相配套的法规还是比较完善的。例如，在企业组织形式方面有合伙法、公司法等，在行业组织形式方面有金融法、银行法、贸易法等，在经济管理方面有劳动法、税法、破产法、反垄断法等。这些法律的制定和实行，旨在保证市场经济的正常运行，确保平等竞争的规则得以贯彻、政府的监督和调控作用得以实施，等等。在保护中小企业方面，美国出台了一系列法律，如小企业创新发展法案、小企业技术转化法案等，以法律形式明确规定了中小企业的地位与发展，对促进中小企业的发展产生了很大作用。整体而言，美国与其市场经济相配套的法制体系是比较健全的，为促进竞争和企业及社会的发展起到了较大的作用，也为促进创新创业与高校人才培养的有机融合提供了基础。

2．相对充分的市场竞争是专创融合的效率基础

美国实行市场经济已有两百多年，虽然曾经从自由竞争向垄断转变，但第二次世界大战以后，还是基本确立了混合经济体制，不过以自由市场经济体制、自由竞争为主基调的

特色依然十分明显。市场始终遵循着平等竞争的原则，即在市场竞争面前，人人都是平等的。虽然在机会和其他各方面不可能绝对平等，但当一个人合法地进入某一行业从事经营活动时，该行业的人无权阻止其进入，除非使用竞争的办法将其挤出。美国还颁布了破产法和反垄断法等，允许企业破产，反对垄断，这些法律一方面确保了自由竞争，另一方面使市场竞争更加激烈。

充分的市场竞争，是保证效率的关键，教育领域也是如此。一所大学没有为市场培养符合需求的人才，是无法获得社会认同的。

3. 相对先进的教育理念是专创融合的重要基石

美国的创新创业教育已覆盖了从小学、初中、高中、大学到研究生的全过程，主要分为基础教育阶段创新创业教育和高等教育阶段创新创业教育两个部分。就高校而言，美国大多数高校的创新创业教育有三类：创新创业课程体系、创新创业竞赛和提供创新创业项目孵化指导服务。

（1）创新创业课程体系

创新创业课程体系分创业基础理论课程、专业创业课程和创业实践课程。其中，创业基础理论课程包括"创业基础""创业融资""电子商务"和"天使资本"等课程；与专业结合的创业课程，如技术创业计划（STVP计划）主要由相关院系开设并聚焦交叉学科领域的创业教学与指导；在实践课程方面，学校和企业给学生提供创业实践平台，学生可以向有创业经历的专家、项目投资人和企业家介绍自己的创新想法。

（2）创新创业竞赛

由学校搭建创新创业平台并举办创新创业竞赛，鼓励大学生针对某项新服务或新产品做商业计划书，来向投资人介绍并争取投资从而创办公司。

（3）提供创新创业项目孵化指导服务

在提供创新创业项目孵化指导方面各个大学都建立了自己的科技园、创客中心和孵化器等多样化的支持科技成果转化的孵化机构，为学生创业提供设备、空间和实践指导。在基础教育阶段，美国从1998年就开展了"金融扫盲2001计划"和"未来农民项目"，并在学校建立了集会议室、实验室、操作室等为一体的创客空间，在导师指导下可以将自己的创意转化为产品，创立企业并推向市场。

4. 比较完善的服务体系是专创融合的基本表现

美国形成了多元化的创业服务体系：一是美国创业服务中介机构比较完善，它提供的服务信息在服务大学生创业的过程中已经成为一种公共产品，能为大学生创业提供良好的基础设施和保障。二是很多大学设有创业服务部门。在美国,有超过两百所大学设有创业部(Entrepreneur Department),大多数是由州政府注资成立,有一小部分是由联邦政府注资,他们为大学生创业提供咨询、指导、对接等服务。三是美国的投资界、企业界和非政府组织深度参与创新创业,为创业者提供帮助(包括投资服务等)。如IBM、英特尔等公司通过资金投入,对初创企业及相关领域进行扶持,并联合学术界和投资界为新兴技术领域提供商业辅导及技术支持。

5. 相对科学的保障体系是专创融合的心理支柱

美国完善的社会保障体系是高校的创新创业生态系统的重要基础和基本支柱。一是美国建立了综合型养老保险体系,二是医疗保险,三是失业保险。比较健全的社会保障体系,让创业失败的人不担心"没有饭吃",正常情况下,即使一个人创业失败了,也有生存的保障,只要努力,机会总是有的。

美国社会也重视开展创新创业教育与专业教育的融合研究。美国有很多学者认为,美国的专业教育正逐步形成完整的教学研究和实施体系。他们认为欧美高校的成功经验之一,就是将创新创业教育有效融入专业教育。在创新创业教育相对比较成熟的欧美国家,以商学院为中心开展了针对各个专业学科的专业教育与创新创业教育的有机融合,有效地渗透了创新创业教育的理念与实践。为了培养大学生成为专业且有创业能力的创新型人才,需要在专业教学中融入相应的创新思想、创业意识和创业技术。在美国,大学专业教育和创新创业教育相融合是由经济驱动方式转型促成的。从欧美国家的实践来看,创新创业教育与专业教育融合的关键是必须考虑在不同学科类别中的差异性与适用性。欧美国家高校的创新创业教育与专业教育之间的融合经过数十年发展,已具有根植于骨髓的融合特性。

美国创新创业教育及其管理历史悠久,拥有丰富的经验,对我国高校如何开展创新创业教育与专业教育融合以及设置创新型专业课程有所启示。人们对创新创业教育的需求提高,得益于20世纪60年代硅谷创业的高潮。斯坦福商学院于1966年成立了创业研究中心,于1980年开设了许多创业类课程。20世纪90年代成立电子商务与商业中心,以适应网络时代的到来。现阶段斯坦福商学院还成立了一些和创新创业密切联系的专业机构,例如,世界商业和经济中心、社会创新中心等。同时,斯坦福工学院还给学生提供了许多与创业有关的专业课,并为老师和学生定期开设研讨形式的创业思想交流会。医学院、教育院和法学院也开设了拥有创新创业角度的课程。美国-亚洲技术管理中心开办面向全部师生和社会人员的创新创业系列讲座。此外,斯坦福大学还组织学生进行了创新创业、创业学科和其他技术性强的学科的高层次研究,这类学术交流为斯坦福大学的创新创业教育与专业教育的更好融合提供了机会。

（二）英国的研究与实践

我国专创融合实践的思想来源之一是英国。英国形成了创业政策环境良好、配套设施完善、组织模式丰富、高校师资与课程设置具有相对优势的氛围。同时，英国还设立了专门的创新创业管理机构，构建了全社会参与的创新创业教育文化体系。但与美国相比，高校创新创业教育课程设置较为偏重于商业课程，创新创业教育地区发展也不均衡，民众对创业机会的把握和敢冒风险、宽容失败的创业环境有所欠缺。

英国政府创建了英国科学创业中心（UK-SEK）与全国大学生创业委员会（NCGE），全面负责国内的创业教育，兼有教学和孵化器的双重作用，重在促进创新成果转化，它在服务创业教育之外，更注重联系企业为大学提供资金和咨询指导，帮助师生创办知识衍生型企业，鼓励技术转化，为大学生创业提供天使基金、创业孵化和创业科技园区的服务。

（三）芬兰的研究与实践

从20世纪80年代开始，芬兰的一些老师就会在传统学科教学之外，围绕学生感兴趣的话题开展教学。比如，把孩子们带到森林里，辨认植物、用绳子丈量步伐、把捡到的松果按照大小分类等，回来后还会用捡来的树叶和松果做手工。参与策划和教学的包括数学、自然、美术、体育等科目的任课老师。与之类似，老师围绕很多类似话题来组织历史、地理、外语、宗教等科目的教学。长久的实践，催生出芬兰的"现象教学"。

"现象教学"的全称是"基于现象的项目学习"（phenomenon-based project），指的是让学习者围绕一个项目主题，而不是一个知识点，展开跨学科综合学习，以解决问题而非学习知识为导向，这个过程多是小组协作完成，且不一定得在课堂上完成。

（四）国内的研究与实践

1. 国内的研究现状

近年来，国内关于创新创业和专创融合的研究越来越多，很多学校也开展了相应的实践探索。就研究层面而言，有的从理念、目标和知识层面探讨专业教育与创新创业教育的融合，比如提倡在进行专业知识教学的同时，适当渗透创新创业知识，逐步树立学生的创新思想，传授学生必要的创业技能，提高课堂效率。把创新思想、进取精神、勇于实践等素养融入高校的人才培养目标，以此为创新型专业教育奠定基础。有专家指出，高校应把创新创业思想贯穿于教育教学的所有环节之中，并且把专业知识和"双创"知识融合在一起，借助不同学科的相互渗透，来达到优化教学内容的目的。有的主张就教学方法和教学内容进行融合，他们认为，教师的教学方法在教育教学活动中十分重要，应当用适合于创新型专业课的教学方法取代传统"填鸭式"的教学方法，并注重采用多种方式，如探讨分析法来培养学生创新型思维、实际解决问题的能力。通过不断更新教学思想，创新教学方法，充实教学内容，打造民主化、生动化、趣味化的课堂模式，来实现高效的课堂教学。应该说这些研究，越来越接近我们期待用专创融合的方式推动教学改革和人才培养模式改革的目的。

特别需要指出的是，专创融合的改革试点大大推动了研究工作的展开，尤其是在专创融合的体制、机制设计方面，产生了一批有分量的研究成果。大家普遍认为，创新创业教育与专业教育有机融合是高校各部门统一协调合作的过程，因此要求高校有关部门要互相配合，完善各项管理制度和责任划分，切实保证在各个方面做好保障工作。

2.国内的实践进展

在高校为什么要开展创新创业工作，创新创业工作要做什么，以及为什么开展专创融合的人才培养模式改革等方面，目前意见并不统一，并未整体形成共识。总体来看，重视创新创业工作的高校，目前的研究和实践都已经逐步渗透到课程、专业，甚至开始进行专创融合试点。少数高校目前还在纠结要不要开展创新创业工作以及如何开展创新创业工作的问题。

（1）创业班或创业训练营的模式

就国内试点进展来看，目前采用较多的是创业班或创业训练营模式。这种模式以集中化、模块化的方式开展创新创业技能、意识等方面的培训，以期能够开拓创业者的专业思路和创业思维。包括北京大学、武汉大学等名校在内的数百家高校都开展了这种尝试。总体而言，这种尝试风险小、难度低、易于接受。

（2）综合推进的模式

不少高校积极推动专业与创新创业、课程与创新创业、政府政策与高校创新创业工作、校企合作与创新创业教育的融合，以求最终实现全方位的专创融合。比如，武汉软件工程职业学院（以下简称"学校"）近年来以体制机制建设为抓手，以制度建设为保障，以全面提升人才培养质量为目标，逐步构建了"专创融合""课训融合""政校融合""产教融合"的"四融合"工作模式，创新创业工作取得了明显的进展和提升。

①专创融合明确了创新创业教育人才培养的工具性。武汉软件工程职业学院开展创新创业教育的立足点是：它是人才培养的一种手段，是解决高等教育中长期存在的"课堂与岗位分离""专业与行业分离""学校与市场分离""师生与企业分离"等深层次矛盾的重要抓手，以"融合"的手段来解决"分离"的问题。

2017年起，学校先后出台"双创"学分管理办法、专创融合管理办法，为解决学创矛盾打造基础，明确以项目立项的方式开展试点，在人才培养方案的制定、教学组织形式、课程开发、课堂组织、考核、毕业设计、顶岗实习等方面进行改革。

2018年，学校把推动专创融合试点列入全年重点工作和学校绩效目标，用一年的时间开展讨论、动员，研究专创融合的改革要素和工作难点。2018年9月，学校正式开始专创融合试点专业申报工作。经过宣传动员，有8个学院的17个专业申报了试点工作方案，方案对于人才培养、教学组织、课程考核、毕业设计、学生管理等方面都进行了改革设计。经过两轮评审，最终确定数字媒体、旅游管理、药品生产与管理、园林规划设计4个专业开展首批试点。

通过专创融合工作的讨论、宣传、立项、推进，各试点专业已经调整了人才培养方案，遴选学生全面开展试点。相关专业要么以创新团队、要么以创业团队为依托，实施人才培养改革，重构人才培养逻辑，从而丰富了创业场景的全程植入目标，明确了校企合作的精确抓手。

②课训融合坚守了创新创业教育促进教育改革的方向性。坚持"课堂是创新创业教育的主阵地，实训是创新创业辅导的新领域，技能大赛是创业团队诞生的新来源"，做好现有团队的培育，推动技能大赛成果的转化，坚持课训结合的经验，并争取专创融合的突破。各教学院系积极将各类技能大赛中获奖团队作品进行产品化、市场化改造，讲清楚商业模式，推动技能大赛团队向创业团队的转化。以创业团队为载体，培育更多具有技能大赛参赛能力的选手和团队。

坚持将"大学生创新创业基础"课程的教学与创新创业实践相结合。用大赛作为课程培养的补充手段，将各类大赛成绩纳入课程考核范畴，实现课程教学和创业孵化的深度融合。要求每个课程小组形成一个创业项目，将创业项目的设计过程与教学进度相结合。

③政校融合坚持了创新创业教育部门之间的通透性。学校立足于贯通各政府部门的创业政策，服务创业者和全体学生，除了积极响应教育主管部门的"双创"政策外，还积极对接政府主管部门，既让政策惠及创业者，也向主管部门反馈"双创"的信息、政策效应和政策需求。

学校开辟校内多个线上线下阵地宣传创业政策，搜集和编撰了110项创业政策，开展了多场政策宣讲的讲座和沙龙，为大学生创业者了解创业政策作出了积极努力。为积极反馈创业者的需求，了解创业政策的时效性、实效性，2017年以来，先后承担了武汉市招才局的"武汉市大学生创业政策效果调研"、人力资源和社会保障局"武汉市大学生创业实习基地调研"、武汉市团市委"武汉市大学生创业服务体系调研"等调研工作。

通过融入政府主导构建的社会服务体系，该校将众创空间建设成为"武汉软件工程职业学院物联网众创空间"，对接社会孵化体系。利用"物联网众创空间"建成交付的契机，将原有的创业基地改造升级，重新定位，打造"武汉软件工程职业学院创业街区"。

④产教融合响应了创业实践团队资源需求的广泛性。学校与楚天激光、光源电子、怡萧行、若朴空间等知名企业建立了合作关系，利用企业家的丰富资源为创业者开展辅导活动，让企业家与创业者结对子，在短短的两年时间里大大提升了创业氛围，端正了绝大多数师生的创业态度。引入中财创投、融华投资、赛伯乐投资、深创投等全国知名投资机构，通过讲座、项目辅导、大赛、沙龙等方式，让知名投资人与创业者面对面，不断打磨武汉软件工程职业学院的创业项目。创造条件引导合作企业将生产、经营流程独立出来，外包给学生创业团队，既解决了初创团队项目弱小、初创企业没有市场的问题，也降低了大企业的生产成本，形成了一种新型的企业"内部创业"的模式，实现了企业经营和学校人才培养的"双赢"。学校还与光电谷孵化器、武大科技园、华工孵化器、武汉理工孵化器等知名园区开展合作，为学校孵化的项目找出路，为创业团队找资源，同样取得了可喜的成果。

第三节 "双创"型人才的特点

"双创"型人才是指以学科教育为基座，以通识基础深厚、综合素质高、专业适应性强为塔身，以富有创新精神和创业能力为塔尖的复合型的、符合未来发展要求的高级专门人才。"双创"型人才的特征主要表现为以下几个特点：

①主动性。旺盛的求知欲和强烈的好奇心，促使自己锐意进取，执着追求新知。

②灵活性。思维活跃，善于变通联想，触类旁通，举一反三，能提出丰富而奇特的设想，提出非凡的主张。

③质疑性。不为现成的观点所约束，敢于大胆提出疑问。

④新颖性。不墨守成规，勇于弃旧图新，有与众不同的见地和别开生面的方法，敢为人先。

⑤自信心。坚信自己的能力和所从事事业的价值，即使遭遇挫折和失败也坚定信念，

一往无前，直到实现预期的目标。

⑥坚韧力。瞄准目标锲而不舍，具有坚韧不拔的毅力和决心，百折不挠，不达目的不罢休的精神。

⑦独立性。不人云亦云，不盲从，不依附，能独立判断和解决、处理已知和未知的事情。

⑧想象力。新的观点来源于合理的想象或偶然的灵感和机遇，想象力丰富，可突发奇想，有利于揭开创新的序幕。

⑨洞察力。对环境有敏锐的感受力，能从他人所忽视的情况或细枝末节中察觉事物的真谛。

⑩严密性。抓住灵感一现的火花，精心推敲，深思熟虑，以求企及完美的结果。

第四节　"双创"教育与专业教育的关系

现有的对"双创"教育与专业教育的关系研究，多是从两者之间的彼此作用与影响的角度进行分析。将两者置于更为细致的角度进行比较，透视两者之间的关系，并在此基础上正确认识两者的融合。两者的具体比较见表1-1。

表1-1　创新创业教育与专业教育的比较分析

比较视角	区别		联系
	"双创"教育	专业教育	
产生背景	知识经济对人才需求的变化	工业革命带来的社会分工	都产生于社会变革，既相交又相互补充
价值取向	实用主义、人本主义	工具理性、实用主义	实用主义
培养目标	具有"双创"素质与能力的人才	掌握某项专业技能的人才	适应社会发展需要
教育功能	创新驱动，促进地方经济转型；升级高校科学技术的产业化	适应社会专业人才的需求	促进区域经济发展
教育内容	"双创"教育的理论知识、经典创业案例、实践活动	通识知识、各个专业的理论知识与实践知识	专业教育重学生术有所精，"双创"教育重思维培养，二者相辅相成

比较视角	区别		联系
	"双创"教育	专业教育	
实现途径	贯穿在大学教育的始终,并不断地渗透到专业教育中	通过理论知识的传授与专业技能的实践,让学生掌握专业	"双创"教育的最好开展途径是融于专业教育中开展
师资	掌握"双创"教育相关的理论与实践知识	掌握专业教育相关的理论与实践知识	两者都需要"双师"素质教师

通过比较发现,"双创"教育与专业教育存在许多区别,但也存在特定的联系。两者各有长处,也有短板,但都是高等教育中不可或缺、不可替代的组成部分。因此,两者间进行融合,在彰显各自优点的同时,也能相互作用、相互影响,实现两者的共同发展,两者融合对人才培养质量的提升大有裨益,推进两者融合势在必行。

在高校开展"双创"教育与专业教育的融合,是要在专业领域内,使学生获得必要的专业知识与技能,同时在教学中培养学生的创新意识、创新实践能力、创业素质、创造能力,其中创新意识的培养是重点。

第二章

大学生创业能力的培养

第一节　大学生创业能力调查与分析

一、大学生创业能力构成要素分析

（一）建立在理论之上的大学生创业能力构成要素假设

笔者在创业理论的基础上，将大学生创业能力概括为拥有一定专业知识、技能的高素质劳动者（个人或者团队），从事与创新技术、成果以及创意的开发、生产和服务等相关的创业活动的能力。笔者查阅了大量的有关一般创业能力的文献资料，总结出创业能力由四个维度组成，即个体特质、知识、技能，机会开发能力，管理经营能力，团队合作管理能力。笔者根据创业理论和对大学生创业能力含义的阐述，认为专业知识应用和创新相关的能力也应该包含在大学生创业能力之中。因此，笔者将个体特质、知识、技能，机会开发能力，管理经营能力，专业知识应用能力，创新能力，团队合作与管理能为确定为大学生创业能力的核心要素。

1. 个体特质、知识、技能

这一维度主要是从个体内在角度分析创业能力的。首先考察个体内在与生俱来的人格特质，其次分析个体通过后天学习获得的那些与创业能力有关的知识和技能。创造性性格、风险承受能力、抗挫折和抗压能力、毅力、动机、态度、自身形象等具体的要素可以归为先天特质，而适当的专业知识、与创业相关的管理经营知识、信息处理能力、应变能力、执行能力等实践性、综合性能力可以归为后天习得。

2. 机会开发能力

这一维度是从创业这个商业行为的本质来分析创业能力的。找到恰当的市场缝隙，并把握住有商业价值的切入项目和时机是创业活动的开始。预见和发现商机、识别和评估商机、把握和利用商机的能力构成了机会开发能力。

3. 管理经营能力

这一维度是从创业的商业运作过程来分析创业能力的，也是从企业管理的角度来分析创业活动最普遍的视角。与管理经营相关的能力有：①创业构想能力。②理念设计能力。③营销管理能力。④组织分工能力。⑤建立制度能力。⑥领导激励能力。⑦目标设定能力。⑧组合资源能力。⑨规划经营策略能力。⑩适应环境能力。⑪沟通协调能力。⑫建立良好关系能力。⑬追求创业收益的信念。⑭维护利益共同体的责任感。

4. 专业知识应用能力

这一维度是针对大学生创业的主体特点和创业层次定位对创业能力进行分析的。大学生创业强调"拥有一定专业知识、技能"的创业主体，和"利用技术优势完成新价值的创造"。层次定位为"有一定专业技术含量的中小型创业企业"。因此，适当的专业知识背景以及应用能力是大学生创业的基础条件，是考察他们创业能力必不可少的一个维度。这一维度包括：①知识转化能力，即实践实验能力、利用专业知识解决实际问题的能力。②知识应用能力，即综合运用所学知识创造性解决问题的能力，根据专业知识发现和质疑现实问题的能力。③学习能力，即运用已有知识不断更新、拓展、学习新知识技能的能力。

5. 创新能力

这一维度是以宏观经济背景对大学生创业的定位要求来分析大学生创业能力的。著名的经济学家约瑟夫·熊彼特认为，创业是经济过程本身的主要推动力。被称为"现代管理学之父"的著名的管理学家彼得·德鲁克认为，只有那些能够创造出一些新的、与众不同的事情，并能创造价值的活动才是创业。我国创新驱动发展战略的实施需要大规模的创业式经济实体的发展壮大作为支撑，以实现传统经济向创新创业型经济的过渡。大学生群体的创业与这一宏观经济形势的需要是十分契合的，同时也是经济转型期间对大学生创业提出的要求。因此，大学生从创业的一开始就要以创新为起点，创新能力是大学生创业能力的核心要素和必备条件。创新能力主要由创造力、首创意识、开拓能力、创造性应用能力、产品研发能力构成。

6. 团队合作与管理能力

这一维度是基于创业企业存活和持续发展视角分析大学生创业能力的。企业在发展的过程中，不断地面临着分析、选择和决策，不断地需要新创意、新方法、新市场。如何构建结构合理的团队、如何持续激发团队的战斗力、如何引导团队的发展方向，这些问题直接影响企业的生存和发展。团队合作与管理由组建团队能力、合作能力、鼓励和影响团队能力构成。

（二）大学生创业能力构成要素调研分析

笔者查阅了大量的文献，基于理论分析，最终形成了大学生创业能力构成要素问卷调查表。通过纸质问卷调查和网络问卷调查的形式，笔者对所在地区的20余所各级各类高校，以及一些创业公司的90名调查者进行了一次调研。笔者的这次调研活动由两个部分组成：首先，通过访谈的形式与长期从事大学生创业能力指导工作的专家和一线教师研讨笔者设计的这份调查表，对其进行修改和完善；其次，在修改和完善调查表之后，进一步扩大调查对象的范围，对调查结果加以分析，以确定创业能力构成要素和影响因素。

1. 基于文献和访谈的大学生创业能力要素和指标

笔者基于对大学生创业能力所包含的要素做出的分析，设计出了一些访谈的问题，比如"你认为大学生创业需要具备哪些创业能力""你认为培养和提升大学生创业能力的影响因素是什么"。笔者通过阅读大量的文献和开展调研活动，制定出大学生创业能力构成要素和指标（表2-1）。

表2-1 基于文献和访谈的大学生创业能力要素和指标

维度	具体要素
个性特质、知识、技能	创造性人格
	风险意识和风险承受能力
	抗挫折、抗压能力
	毅力
	动机
	态度
	自身形象
	专业知识
	管理经营知识
	信息处理能力
	应变能力
	执行能力
	实际工作经验
	自律能力

维度	具体要素
机会开发能力	预见和发现商机能力
	识别和评估商机能力
	把握和利用商机能力
管理经营能力	创业构想能力
	理念设计能力
	营销管理能力
	组织分工能力
	建立制度能力
	领导激励能力
	目标设定能力
	组合资源能力
	规划经营策略能力
	适应环境能力
	沟通协调能力
	建立良好关系能力
	追求创业收益的信念
	维护利益共同体的责任感
专业知识应用能力	知识转化能力
	知识应用能力
	学习能力
创新能力	创造力
	首创意识
	开拓能力
	创造性应用能力
	产品研发能力
团队合作与管理能力	组建团队能力
	合作能力
	鼓励和影响团队能力

2. 问卷调查和隶属度分析后的大学生创业能力核心要素和指标

笔者对访谈记录进行了整理，最终形成了大学生创业能力构成要素调查表。以纸质问卷和互联网问卷的方式对所在地区的大学生创业者（基本上是在校学生或者毕业两年以内大学生）、中小企业的创始人、20余所各级各类高校中常年从事创业指导工作的专家和一线教师进行了问卷调查。在本次问卷中，每一个要素项目都设置了五个选项，即非常重要、重要、一般、不重要、无关。受访者需要对大学生创业能力构成要素的重要程度做出自己的判断。笔者一共发放了90份调查问卷，收回80份，占全部问卷的89%。为了能够对大学生创业能力的各项指标进行确定，笔者整理了收回的调查问卷，对所有的数据进行了隶属度分析。

那么什么是隶属度呢？隶属度指的是在每项指标X_i上，受访者选择"是"的总次数M_i和全体样本数量N的比值，表明对于指标X_i，在所有N个受访者中，认为"是"的受访者有M个，我们用公式$R_i=M_i/N$（$i=1$，2，3，…）来表示这个指标的隶属度。隶属度分析法则是计算出整个样本的隶属度均值μ、方差S，以便计算出样本的隶属度临界值$M=\mu+S/t_{0.01}$，之后用隶属度筛选全部的指标项，把无关项或者不重要项剔除，得到关键因素项。大学生创业能力构成要素的隶属度分析就是根据受访者的答案，统计出每项指标选取"非常重要"和"重要"的次数M_i，说明共有M位受访者认为第i项指标是重要构成要素，而它在所有样本中的比例，也就是隶属度是$R_i=M_i/80$。若R_i的值很大，表示第i项大学生创业能力构成要素指标在受访者群体中被认为是"非常重要"，那么第i项是应该被保留的；若R_i的值很小，表示第i项指标"不重要"，可以被剔除。这里需要注意的一点是，临界值是判断R值大小的依据。$A=1\%$时，$N=80$的隶属度临界值为$M=\mu+\dfrac{S}{\sqrt{N}}t_{0.01}=0.86+\dfrac{0.1174}{\sqrt{80}}\times2.58=0.9004$，所以隶属度临界值是90。因此，对于隶属度小于90%的指标需要进行剔除。

笔者在调查问卷中所设的大学生创业能力构成要素6个维度共42个小指标，其中共有14个隶属度小于90，按照隶属度筛选，应该被剔除出去，分别为"个体特质、通用性知识与技能"维度中的"动机""自身形象""专业知识""管理经营知识""信息处理能力""实际工作经验"，"管理经营能力"维度中的"理念设计能力""营销管理能力""组织分工能力""建立制度能力""建立良好关系能力""追求创业收益的信念"，"创新能力"维度中的"首创意识""开拓能力"。尽管笔者剔除了以上项目，但是也对它们的隶属度进行了分析，某些项目还是值得关注的，可以为今后的研究提供参照。例如，"专业知识"这一项虽然因为隶属度低于临界值而被剔除出去，但是大学生创业先锋和企业家受访者对这一项给予了比较高的认可度，专家和一线教师受访者不太认可这个项目。从这一现象我们能够看出，目前高校创业教育没有很好地和专业教育结合起来，它们之间存在着理念的隔阂。在创业的实践中，专业知识对每个企业家和大学生创业者来说都是他们迫切需要的。"信息处理能力"的隶属度也低于临界值，尽管学生受访者对这项指标给予了很高的评价，但是专家、一线教师和企业家对这项指标并不认可。因此，笔者认为人们对于创业技能的需求是和年龄有一定关系的。但是随着新型产业、新型商业模式的出现，在不久的将来，"信息处理能力"会成为一个必选项。此外，"首创意识"也低于临界值。笔者从具体的数据中发现，除了企业家给出了比较低的分数以外，学生和专家、教师对这一指标是极其重视的。笔者认为，企业家之所以不重视这一指标，很大程度上是由我国大多数中小企业的经营状况决定的。这些企业为了生存，经常是市场上什么卖得火，就制造什么产品，而相对高昂的首创成本是很多中小企业无力承担的，因此首创概念并没有得到大多数企业的认同。经过以上的数据分析和修改，笔者将"大学生创业能力构成"归为28个指标。其中，将第一个维度的名称改为"个体特质"。修改后的大学生创业能力构成要素如表2-2所示。

表2-2 基于调查问卷和隶属度的大学生创业能力要素和指标

维度	具体要素
个性特质	创造性人格
	风险意识和风险承受能力
	抗挫折、抗压能力
	毅力
	态度
	应变能力
	执行能力
	自律能力
机会开发能力	预见和发现商机能力
	识别和评估商机能力
	把握和利用商机能力
管理经营能力	创业构想能力
	领导激励能力
	目标设定能力
	组合资源能力
	规划经营策略能力
	适应环境能力
	沟通协调能力
	维护利益共同体的责任感
专业知识应用能力	知识转化能力
	知识应用能力
	学习能力
创新能力	创造力
	创造性应用能力
	产品研发能力
团队合作与管理能力	组建团队能力
	合作能力
	鼓励和影响团队能力

（三）解析大学生创业能力构成要素的特点

1. 隶属度值比较高的构成要素

在对隶属度进行分析的过程中，笔者注意到每个能力维度中都有一些构成要素的隶属度值非常高，说明不同的调查对象都认可这些要素。在笔者看来，这些高认可度的要素是创业能力中比较重要的组成部分，对培养学生的创业能力有很大的帮助，因此进行了提取分析。在"个体特质"维度中，"抗挫折、抗压能力""执行能力""风险意识和风险承受能力"是隶属度最高的三项，得分分别为98.8%、98.6%、97.4%。企业家对这几项的认可度比较集中，专家、教师和学生的认可度也很明确，可见大部分的受访群体都能够预见创业过程中的艰难。笔者从调查问卷中发现，大部分的企业家对"冒险精神""冒险倾向"这些项目是不认可的。在他们看来，创业和冒险不是一个概念，人们应该规避风险，要有防范风险的意识和能力。他们的观点和彼得·德鲁克的观点是一样的。彼得·德鲁克认为，企业家精神与人格特性无关。彼得·德鲁克称那些具有企业家精神的创新者是保守的创新者。这是由于成功的创新者和企业家，他们中没有一个人具有冒险倾向，企业家精神应该是风险最低，而非风险最高的方式。经过本次调查活动，笔者认为我们应该对培养学生创业的传统观念——培养冒险精神加以修改，转为培养他们的创业意识和精神，增强风险防范意识和能力。调查对"抗挫折、抗压能力"有着很高的认可度，特别是企业家和专家、教师都在访谈中提到大学生创业者抗压能力不强、逆商不足现象比较普遍，由此看出大学生目前缺少"抗挫折、抗压能力"，因此高校在培养学生创业能力的时候要对这一项有所侧重。在"个体特质"维度中，"执行能力"隶属度也很高，它表明创业活动具有实践性，可见行动力对创业行为而言有多么重要。在对专家、教师进行问卷调查的过程中，他们也特别提到了行动力、执行力给创业活动带来的效率和效益。他们认为"执行能力"是创业能力中个体特质维度的一个重要因素，应该通过内驱动力和外因激励等方法来提升学生的创业行动能力。

在"机会开发能力"维度中三项的隶属度都在95%以上，从中我们能够看出被调查者十分重视"机会开发能力"。

在"管理经营能力"维度中，"领导激励能力"以96.1%、"规划经营策略能力"以95.2%、"沟通协调能力"以92.1%分别位列隶属度前三名，说明创业活动有着商业运作的特性，需要运用管理、经营技能，因此在大学生创业能力培养的过程中，创业管理知识技能不可忽略。在全校范围内普及创业经营管理知识是必要的，如果能够对工程技术专业学生开设商业管理类课程，使专业知识应用与经营管理知识结合教授，那么学生将具有更大的创业竞争优势。

在"专业知识应用能力"维度中，"学习能力"的隶属度高达98.5%，这表明在不断发展变化的创业活动中学习能力的重要性。同时被调查对象对大学生创业寄予厚望，在他们看来，学习能力是一条以一定技术为基础的创新发展之路，因此特别重视自身的学习能力。

在"创新能力"维度中，隶属度最高的是"产品研发能力"，为94.2%，表明目前人们对创业活动有着比较直接和具体的认识与期待，希望创新能力能够在产品研发上得以直接体现，但是没有对研发能力背后的创造力、知识技术的创造性应用给予足够的重视，足见人们的创新意识和创新能力还有待加强。

在"团队合作与管理能力"维度中三项的隶属度都高于95%，说明被调查者对于团队功能在创业活动中的作用是非常认可的。

2.隶属度值处于临界值水平的构成要素

笔者在对数据进行隶属度分析的时候，发现"管理经营能力"维度中的"组合资源能力""维护利益共同体的责任感"，"专业知识应用能力"维度中的"知识转化能力"，"创新能力"维度中的"创造力"这四个指标的隶属度都处于临界值 ± 0.005之间的范围内，四舍五入后达到临界值。笔者对这四个指标进行了分析，认为有必要保留它们。

"组合资源能力"指的是现代创业模式中对技术、人才、资金、场地、人脉等各方面与创业相关的资源的利用、整合的能力，对资源进行创造性的组合，能够产生不同的创业模式和不同的经营特色，充分有效地组合各方面资源也是新创企业起步阶段的关键步骤，这是现代企业应对资源稀缺问题的运营特点，也符合约瑟夫·熊彼特一直提倡的建立在创新基础上的创业观点。约瑟夫·熊彼特认为，所谓创新，是指对产品、生产方法等生产要素进行新的组合，正是这种实现生产要素新的组合，也就是在创新基础上的创业行为，促进了经济的发展。但是对于传统产业而言，很少从资源组合角度去考虑企业的生存和发展。因此，被调查的学生创业者都很认同"组合资源能力"。这是因为他们在创业的初期没有丰富的资源，所以他们对借用和组合资源的能力比较在意。企业家和专家、教师对"组合资源能力"的关注度就不如学生创业者，表明新的创业模式需要一个不断接受和熟悉的过程。

"维护利益共同体的责任感"得到学生受访者的一致认同，企业家受访者90%的认同度，而专家、教师受访者认可度相对较低。这同样说明了现代新创企业不同于原有传统企业的特点，大学生创业缺少各种资源，组合资源的过程形成各种模式的利益共同体，维护利益共同体的能力和意识对大学生创业来说常常会决定他们的成败，因此格外受到学生创业者的重视。在传统企业的成长过程中，随着现代企业的发展，新合作模式的不断出现，企业规模扩张等，企业界人士对此会逐步有所认识和接纳。而专家、教师受访者较少接触一线企业运营，企业管理理论中这一观点提及不多，因此体会可能不够深刻。

"知识转化能力"调查结果处于临界值水平，具体分析发现这项指标依然是学生受访者重视程度很高，企业家和专家、教师受访者依次降低。这一结果客观反映了大学生创业者依靠专业知识、技术创业的倾向，企业家受访者对于该项的分值显示了充分的重视，但低于同一维度中的"知识应用能力"和"学习能力"，说明了企业界对专业知识首先是看重的，但谈及对专业知识的使用，企业更倾向于应用现有知识、技术，显然首创意识不足，研发信心不够。这也从一个角度说明了我国企业在科技成果转化、技术创新的尝试上还不够主动。

"创造力"调查结果在临界值水平，所有的受访者对这一指标的认识都达到临界值，也就是他们都认为比较重要（分别达到92.43%、91.62%、91.22%），不过没有达到更高的分值，说明虽然大家认为创造力是大学生创业能力构成的重要因素，但是还没有得到更高的肯定。而实际上，就像斯滕伯格的创造力投资理论说的那样，创造力是创造性工作的基础，对于创业行为，创造力对创造新商业模式、创新应用知识、开创型人格等各个方面都起到核心能力支撑作用。调查的结果显示出社会各界对创造力在创业能力形成中作用的认识还不深刻，这也反映在目前高校的创业教育中，侧重创业技能教育、创业成果的评价，对于教育教学过程中的创造力的培养还是不够的。

根据以上分析，笔者认为这四个达到临界值边缘的项目有一个共同的特点，即对于现有的创业成功企业的作用并不是很大，在现有的创业管理理论中可能关注不多，但是在目前大学生创业模式、创业领域或者创业方向上，这四个项目代表的能力是大学生创业者亟须的能力。这些能力在科技、专业知识导向型企业中是否至关重要，还需要进一步地验证。因此，笔者保留了这四项指标。

二、大学生创业能力构成的培养因素分析

（一）基于文献和理论的大学生创业能力影响因素

笔者在查阅了大量的文献资料和与创业相关的理论之后，对大学生创业能力影响因素做了总结（表2-3）。

表2-3 基于文献和理论的大学生创业能力影响因素

创业能力维度	具体构成要素	影响因素
个体特质	创造性人格、毅力、动机、自身形象等	基因差异、家庭背景、地域环境
	专业知识执行能力等	学习能力、专业及创业知识技能学习情况、创造性实践性活动经历、创造力应用水平、创造性学力水平
机会开发能力	预见和发现商机、识别和评估商机、把握和利用商机	行业经验、创业经验、专用性职能经验、通用性职能经验、学习风格、发现问题能力、质疑能力、决策能力
管理经营能力维度	创业构想能力、适应环境能力等	市场环境、政策环境、文化环境、创业经验、职能经验、管理知识技能、创业学习、创业社团活动
专业知识应用能力	知识转化能力、知识应用能力、学习能力	学校教育：教学内容的设计和比例、教学模式和方法、实践教学环节的内容与方法、专业教育中对实践性能力的培养 社会活动：实习实践经历、产学研联盟组织、创业活动
创新能力	创造力、首创意识、开拓能力、创造性应用能力、产品研发能力	学校教育：专业教育中对创造性学力的培养，对创造力发展的引导；创业教育中对创造性人格的培养，对开拓能力的训练 外部环境：创业活动平台、创业氛围、鼓励创业的政策环境、包容创业过程的社会环境
团队合作与管理能力	组建团队能力、合作能力、鼓励和影响团队能力	领导者品质、团队学习能力、组织结构、组织文化、关系能力、创业教育、创业经验

从表2-3可以看出，在对大学生创业能力六个维度产生影响的要素中，有诸多项重叠，如创业教育、外部环境等要素对所有六个维度都产生影响；创业经验对"机会开发能力""管理经营能力""团队合作与管理能力"等维度都产生影响；而任何一个维度也都是受到多方面因素影响的。通过对上述影响因素的分析、总结，笔者将全部影响因素分为三个层面，即个体素质养成层面、高校创业教育层面、社会环境影响层面。

1. 个体素质养成层面

从个体层面看，个体先天特质和后天习得同样对创业能力产生影响。与生俱来的开拓性人格、智力构成特点、学习风格和能力、抗压冒险等心理素质、创新求变的意向和动机等都直接影响个体原有性创业能力水平，而对这些要素的适度引导和培养是可以提升创业能力水平的。此外，后天习得的知识和技能，比如获得的知识类别和结构、创造性能力和实践性能力的培养状况、赖以获得信息和知识的生活背景等都会影响个体创业能力水平的高低。

2. 高校创业教育层面

根据成功智力理论，智力构成中的创造性智力和实践性智力影响着个体创造能力和实践能力，而根据创造力投资理论，创造性工作需要运用及平衡分析能力、创造性能力与实践能力。根据彼得·德鲁克的创业理论，创业能力就是管理创新的能力，是可以通过学习获得的。笔者认为创业能力的培养从学校创业教育层面需要有一个系统的培养模式。应该从设立明确的培养目标，到选择教学内容、教学方法，设计课程和教学方式，创新实践教学环节等进行整体性的改革和完善，使传统的专业教育和创业能力的培养结合起来。从培养学生群体创造性学力、促进多元智力乃至多元能力均衡发展的基点出发，在教学设计中体现创造力发展的规律，真正提升学生群体的创新创造力，使学生通过学校的有效教育途径得到多元智力基础、创造力和创业行动能力的逐步培养，逐步获得大学生创业能力的六个维度综合能力。

3. 社会环境影响层面

外部经济环境、政策环境、文化环境、社会氛围、人际关系网络以及个体所处的家庭环境、生活集体环境等都会对个体的创业能力产生重要的影响。从文献资料中也可以发现个体的家庭背景、所处地域对个体特质影响比较大，政策倾向、创业文化氛围对于创业意识也有着积极的影响，经济活跃度为创业活动搭建的平台更是直接增加了创业的机会和经验的积累。因此，社会层面的影响因素可以单独作为创业能力的一个影响层面，内容包括从微观的生活集体环境、人际关系网络到社会氛围和政府层面的政策、资金环境等对创业能力的影响。

（二）大学生创业能力影响因素的调研

1. 基于访谈得到的大学生创业能力影响因素

笔者对所在地区20多所高校、10多家企业的大学生创业者、专家、教师、企业家进行了一次问卷调查，将理论分析得到的影响因素指标和这次调查的结果做了对比，调整之后得出大学生创业能力培养影响因素表（表2-4）。

表 2-4 大学生创业能力培养影响因素表（基于文献和访谈）

影响层面	具体影响因素
个体素质养成层面	智力构成特点
	创造性学习水平
	心理素质
	开创的信念
	学习能力
	学习风格
	家庭背景
	创业实践经验
	企业实习或工作经验
	专用性职能经验
	通用性职能经验
	发现问题能力
	质疑能力
	决策能力
	创造力
	领导者品质
	知识结构
	实践能力
高校创业教育层面	教育目标导向
	创业教育体系、教学内容、课程设置、教学方法、考核导向
	对完全智力的激发和培养
	对创新能力的培养
	对专业知识应用能力的培养
	对创造性人格的培养
	鼓励创新创造行为的制度
	专业教育与创业教育的融合
	对实践能力的培养
	校企沟通合作机制
	对团队能力的培养
	创业活动的组织
	奖励和鼓励创业的机制
	创业服务能力
	创业指导教师的水平
	创业孵化器的运转
社会环境影响层面	政策环境
	市场环境
	文化环境
	保障制度

影响层面	具体影响因素
社会环境影响层面	地域环境
	资金环境
	经济环境
	组织结构
	组织观念
	信息环境
	技术环境
	行业环境
	团队创新能力

2. 问卷调查和隶属度分析后的大学生创业能力培养的影响因素

笔者将调整之后的调查问卷以网络问卷和纸质问卷的形式又发给了之前的90位被调查者，让他们用五级分标示出所有影响因素的重要程度。回收有效问卷86份，占全部问卷的96%，获得了更多的有关大学生创业能力影响因素的信息。笔者对所收集的数据进行了隶属度分析，并计算出这一次的大学生创业能力培养的影响因素的临界值是88.93%，因此隶属度低于临界值的指标将被剔除。笔者删除了14项指标，分别为"学习风格""家庭背景""创业实践经验""专业性职能经验""通用性职能经验""创业活动的组织""奖励和鼓励创业的机制""创业服务能力""保障制度""地域环境""资金环境""组织结构""组织观念""技术环境"，其余33项指标予以保留。基于问卷调查和隶属度筛选的大学生创业能力影响因素如表2-5所示。

表2-5 大学生创业能力影响因素（基于调查问卷和隶属度分析）

影响层面	具体影响因素
个体素质养成层面	智力构成特点
	创造性学习水平
	心理素质
	开创的信念
	学习能力
	企业实习或工作经验
	发现问题能力
	质疑能力
	决策能力
	创造力
	领导者品质
	知识结构
	实践能力

影响层面	具体影响因素
高校创业教育层面	教育目标导向
	创业教育体系、教学内容、课程设置、教学方法、考核导向
	对完全智力的激发和培养
	对创新能力的培养
	对专业知识应用能力的培养
	对创造性人格的培养
	鼓励创新创造行为的制度
	专业教育与创业教育的融合
	对实践能力的培养
	校企沟通合作机制
	对团队能力的培养
	创业指导教师的水平
	创业孵化器的运转
社会环境影响层面	政策环境
	市场环境
	文化环境
	经济环境
	信息环境
	行业环境
	团队创新能力

（三）大学生创业能力培养因素分析

根据上述结果我们能够清晰地发现，个体素质养成层面对创业能力形成的影响属于心理学、行为学等研究范畴，社会环境影响层面对创业能力形成的影响属于社会学研究范畴，而高校创业教育层面的影响作用主要为教育管理研究领域的研究内容。对大学生创业能力的培养，应主要由高校创业教育来实现。进一步地，个体素质养成层面因素和社会环境影响层面因素是始终存在、影响广泛的两个层面。无论我们是否针对大学生进行创业能力培养，个体素质养成和社会环境影响都是客观存在的，或者促进或者阻碍创业能力的形成和发展，并且不仅仅针对大学生群体，而是普遍、广泛地作用于环境内的社会成员，影响着某一社会内部的全体成员的创业能力水平和倾向。笔者对大学生创业能力的研究仅针对创业型宏观经济转型发展背景下，对高等教育人才培养提出不同于以往的新要求这一特定的新问题进行探讨。对于国家创新驱动发展战略提出的创业型人才培养目标，个体层面和社会层面的影响因素是原本存在并继续发挥影响作用，以及如何改善以发挥更大作用的问题，而高校创业教育层面的影响因素则是新生事物，是在传统的高等教育中不存在的培养理念，面对新的社会经济发展需求，需要高等教育主动改革以适应需求。根据高校实际情况，创业教育从1999年引入探索，2002年9所高校试点，2010年全国高校全面推进，对大学生创业能力的培养有启蒙和触动，但还没有形成巨大的推动力来为创业型经济提供智力支持和发展动力。如何通过高校创业教育层面的影响因素控制和改善培养过程，是解决大学生创业能力提升问题的直接和有效的办法。

（四）大学生创业能力培养策略

1.激发学生主体创业主观能动性

发挥学生主体的主观能动性是对"内环境"的优化。在三元交互决定论中，个体、环境、行为三者互相独立又彼此依存。大学生主体、大学生创业行为、创业环境三者之间也是这样的关系，可以将三者置于三元决定论的框架下讨论。辩证地看，我们的目的是提升大学生的创业能力，让更多的学生能够具备能力去开展创业活动，在实现此行为的过程中，个体、环境都发挥着非常重要的作用。从学生主体的角度来看，内驱力是最重要的，因为内驱力体现个人的成就动机和价值追求。培养环境优化的第一步是充分激发学生的创业内驱力，激发他们创业的兴趣，引导他们正确进行自我价值判断。在对大学生创业能力的培养中，要充分激发学生主体的内生动力，引导广大学生顺应时代潮流，把自我的价值追求同社会的发展需求、国家的建设需要、人类的未来走向结合起来，通过社会学习、观察提升自我，充分发挥学生主体的主观能动性。

2.建设协同发展的外部能量系统

环境是大学生创业能力培养中的重要部分，也可以将其视为大学生创业能力培养的外部能源系统。在这个能源系统中，国家、社会、高校、企业都必须提供能源支持。国家是能源系统的统筹枢纽中心，是总控制中心。国家要在这个系统中发挥能源调配的作用，目前这种调配控制运行良好。社会是人才培养的大环境，普适性的文化引领、价值引领、经济引领都需要社会完成。高校对大学生创业能力的培养起到至关重要的作用，是主体能量来源。高校要探索符合我国国情、符合学生成长规律的培养模式，将理念与教育实践相结合，融入各专业培养之中，融入人才培养全过程，在实践体验中培养学生；高校要打造一支"能打胜仗、作风优良"的师资团队，良好的师资力量是教育的重要组成部分；高校要营造创业的校园文化氛围，潜移默化地培养学生的创业能力，这样的能源转换才能达到较高程度。企业是大学生创业能力培养的二级能量来源，企业应该辅助高校完成能量升级，成为广大学生创业活动开展的试验田，成为创业能力培养的第二阵地，企业要主动承担起社会责任，与高校在产学研合作中培养学生。只有各能量来源都各司其职，协同发展，才能打造优质的创业能力培养环境，才能培养优秀的创业人才。

3. 实现大学生创业生态循环

创业教育培养环境的优化，最重要的一点是要构建创业教育生态系统，要将国家政策推动与高校自发、企业自觉相结合，实现循环共生。在这个生态系统中，国家、社会、高校、企业、学生主体等多方力量都必须发挥作用，才能形成合力驱动发展，才能形成动力循环。各主体要明晰利益的相互依存性，只有每个主体实现其各自的利益诉求，才能实现全部主体的利益诉求，一荣俱荣，一损俱损。互利共生、和谐共存才是价值追求。各主体也要充分发挥自我调节作用，实现自我维持、自我修复、自我更新，只有这样才能在生态系统中发挥更大价值。同时我们也必须明确，这一生态系统必须是可持续发展的，各主体要注意能量资源的配比，不应操之过急，以免急功近利造成能量枯竭，要眼光长远，放眼世界和全球未来，只有这样才能在循环共生的环境下构建新时代创业教育的宏伟蓝图，才能源源不断培养出更高质量的创业人才。另外，高校要为学生搭建高质量的创业实践平台。企业孵化器、创业实践基地等实践平台能更好地提高教育效果，提升人才培养质量。实践平台的建设也应该顺应时代，比如建设"互联网+"实践平台，既可以让学生实现虚拟创业，又可以降低人力、物力的投入，还可以降低风险。高校可以在单一的实体实践平台基础上，结合多种实践平台优势，使用新媒体手段，联合企业，打造综合性的特色实践平台。

第二节　大学生创业能力培养现状

基于目前我国大学生创业现状，本节主要针对女大学生创业能力的培养现状展开阐述。

随着我国高校扩招，大学生就业问题尤其是女大学生就业难问题，已经成为高校学生工作中的突出问题和社会关注的焦点。创业时代的来临给女大学生就业带来了新的契机和希望。通过鼓励创业来带动就业，已经成为当前解决大学生尤其是女大学生就业问题的一条重要途径。当前，女大学生的创业热情高涨，然而高校女大学生对创业的具体看法如何？她们的创业目的或者动机是什么？女大学生应该如何正确面对创业问题？带着太多的问题，我们对重庆市内3所高校的部分女大学生进行了相关调研，了解目前女大学生创业现状，寻找有利于实现女大学生创业教育的最佳方案，帮助高校为女大学生提供切实可行的指导，为女大学生创业能力培养的具体实施寻找有效途径。

一、调查的基本情况

1．调查对象

本报告是基于女大学生创业能力培养情况而展开的网络调查，发出调查问卷350份，收回有效问卷346份，无效问卷4份，主要针对市内5所高校的大二、大三年级部分女生，被调查者涉及管理、营销、会计、金融、社工、物流、计算机等28个专业，调查样本具有区域代表性。346份有效问卷中大三学生占53.3%，大二学生占46.7%。被调查的学生中来自农村的占52.1%，来自城市的占47.9%。被调查的学生中独生子女占54.4%，非独生子女占45.6%。

2．调查内容与方法

首先，调查组根据研究内容，设计调查问卷（包括女大学生创业的基本情况调查和女大学生创业能力培养的情况调查两方面），调查问卷分封闭式（单选题和多选题）和开放式两种题型。然后，调查组采用随机抽样调查方法进行网络调查。最后，调查组通过分类统计、交叉统计和单题统计得出调查报告，并提出相应的对策和建议。

二、调查的意义

（一）有助于强化高校女大学生的创业意识

判断高校女大学生创业能力的强与弱，首先要看其是否具备强烈的创业意识。在回答"您认为当前女大学生创业的兴趣如何？"这个问题时，46.24%的女生选择"感兴趣，但不愿尝试"，48.55%的女生选择"感兴趣，并愿意尝试"，把两者相加，可见绝大多数女生对创业感兴趣，有创业意愿，对创业有初步的理解和认识，在这个基础上对她们的创业意识进行强化，对培养女大学生的创业能力起到领航作用。

（二）有助于引导高校女大学生从岗位的需求者转变为提供者

动力源于压力，由于性别、身体状况、心理承受力等多方面带来的就业压力促使女性选择创业。创业不仅可以提高女性成功就业的概率，还可以给其他同学创造就业的机会。以创业带动就业，可以缓解日渐凸显的就业高压，使更多的女大学生从岗位的需求者变为岗位的提供者。

（三）有助于分析高校女大学生创业能力培养的影响因素

对"高校女大学生创业能力培养的影响因素主要有哪些"这一问题的调查结果显示：85.55%的女生认为"创业经验不足"，79.77%的女生认为"创业知识和专业技能欠缺"，78.32%的女生认为"融资困难"，56.94%的女生认为"传统观念的束缚"，45.38%的女生认为"政府的支持力度不够"。由此可见，高校女大学生所处的内部环境因素和外部环境因素都影响着她们创业能力的培养。调查表明，大多数女大学生创业实践能力不足，社会经验和社会资源双重缺乏。

（四）有助于帮助高校女大学生转变就业观念，树立正确的创业理念

该调查结果显示：认为自己的创业能力"一般"的女生占58.96%，认为"很强"的女生占4.34%，认为"较弱"的女生占23.7%。可见，绝大部分女生缺乏创业能力，且主动创业的态度不明确。为实现自主创业，高校女大学生要不断培养自己的创新创业能力，积极主动地转变就业观念，树立正确的创业理念。

（五）有助于打造未来女性高管群体，繁荣社会主义市场经济

对"女生最希望毕业后的去向是哪里"项目调查时，27.46%女生选择"自主创业"，这是选择人数最多的备选项（表2-5）。

表2-5　高校女大学生毕业去向的调查

第4题：您最希望毕业后的去向是...[单选题]		
选项	小计	比例
A.继续深造	57	16.47%
B.到国企工作	72	20.81%
C.到外企工作	22	6.36%
D.到私企工作	13	3.76%
E.考公务员或事业单位，进入政府机关部门	44	12.72%
F.自主创业，发展自己的事业	95	27.46%
G.其他	43	12.43%

一些女大学生在就业艰难的情况下，被迫考虑创业。这是由于经济社会竞争观念的影响，以及女大学生受到"求稳怕风险"心理的制约，普遍创业热情高，而又缺乏真正实际行动的情况。

随着经济的发展，当今独立女性越来越多，女性对社会经济的发展起着促进作用。纵观国内外，每个创业团队几乎都有女性参与管理和运作，甚至很多创业项目的创始人或高管都是女性。实践证明，经过多年努力打拼，女性创立中小企业的成功率比较高，约占

80%以上，这表明女性已成为促进创业，推动经济发展的重要力量。

三、女大学生创业能力培养状况调查结果数据分析

（一）女大学生的创业愿望比较理想化

本调查结果显示，"有创业愿望"的女生285人，占82.37%。在被问及"当前女大学生创业能力如何？"这个问题时，9.83%的女生选择"很强"，12.72%的女生选择"强"，46.53%的女生选择"较弱"。可见，大部分女生对创业抱有兴趣和热情，并寄望于高校创业创新教育改革。实际上，她们对女性创业能力的理解十分有限，对有关创业方面的知识了解不全面，对创业政策把握不透彻，她们迫切希望高校对在校女生进行系统的创业创新文化教育，并开设女性创业专题讲座和相关创业实践活动。

（二）女大学生创业的自信心相对缺乏

尽管高校大多数女大学生有着较为强烈的创业意愿，但在评价自己的创业能力时，大多数同学认为自己缺乏自信，创业行动胆小谨慎，感到有压力、没有把握和难以胜任。在被问及"您认为自己的创业能力怎样？"这个问题时，选择"很强"的女生占4.34%，选择"较强"的女生占13.00%，选择"弱"的女生占23.7%。

由此可见，大部分高校女大学生因缺乏创业能力和经验而感到信心不足。所以，当她们真正开始自主创业时，则感觉到自己的压力和风险非常大，对未来的创业之路感到迷惘和困惑，内心充满矛盾和焦虑。因此在行动上就表现出谨小慎微，缺乏拼搏精神。

（三）女大学生创业意识较弱

本调查结果显示：27.2%的女生选择"如果实在找不到合适的工作，会考虑创业"。调查结果显示，女大学生创业意识不强、动力不足、主动性不够。究其原因，传统女性角色期待削弱了女大学生的创新创业动机，也严重影响了其女性创新能力和效能的发挥，从而导致了她们创业意识较低。受经济社会观念的影响，以及女大学生"求稳怕风险"心理的制约，女大学生们普遍出现有创业理想，而又不打算创业，创业热情高，而又缺乏真正实际行动的情况。女大学生只有在找不到工作的情况下，有些人才会去考虑创业。当有较好的工作单位可选择时，很少有人选择创业。"您是否有创业的打算"，42.9%的女生选择"不想创业，只想拥有一份稳定的工作"，15.61%的女生选择"找不到更好的工作只有创业"。传统女性角色削弱了青年女学生的创业动机，也极大地影响着女大学生创业能力和效能的发挥，从而导致了她们创业意识较弱，创业动力不足。

（四）女大学生创业目的明确

在女大学生创业目的与动机的调查中，当被问及"女大学生创业的目的是什么"这一选项时，选择"实现自我价值"的女生占86.71%。由此可见，大部分女大学生主要是想通过创业途径来体现自我价值，从而实现人生理想，强烈自身价值的实现驱动着越来越多的青年女学生考虑开辟创业之路。

很多同学把"实现理想，改变命运"作为创业的目的和动机，反映出当代女大学生有着更高的目标追求。女大学生们年轻气盛，充满理想色彩，追求美好生活。她们中的一部分同学一方面想通过创业途径来展示自身才能，创造社会财富，实现自我价值和社会价值，这完全符合人性的发展；另一方面她们也想通过自主创业赚钱致富，尽快提高收入，提高自己和家人的生活质量，这反映出高校女大学生勤奋务实、创新拼搏和不怕艰难困苦的人生态度。

（五）高校女大学生创业面对的困难具有多重性

本次调查结果显示，高校女大学生在艰难的创业途中将面临重重障碍。其创业困难依次为缺乏经验和社会资源（89.02%）、缺少资金（81.21%）、抗压防风险能力不足（79.19%）、性别歧视（61.56%）、缺乏合适的创业项目（60.98%）、不了解创业政策（58.09%）、缺乏扶持和保障（48.55%）、家人反对（21.17%）。

目前，高校女大学生除了缺乏创业经验以外，还缺乏一个整体有序的社会支撑体系，包括社会资源。政府没有专门针对女性举办创业的专场培训和招聘会；高校现有的创新创业教育课程体系不健全，没有针对女生开设创业的基础课和公选课，很多高校开设的创业教育只浮于形式，更不重视创业实践教育；家长对女生创业的态度表示不理解和不支持，认为女生创业是一种风险投资，由于家长害怕承担风险，引导女大学生找"铁饭碗"、追求安定平稳，所以相当一部分女大学生从小就缺乏独立自主精神和社会竞争意识。"巧妇难为无米之炊"，资本筹措困难也是刚毕业的女大学生面临的大难题。用人单位招聘时在同等条件下，往往会优先选择男性，有时即使男性求职者条件稍差也优先考虑。

以上外部环境不利于女大学生创业，再加上女大学生自身综合素质能力的限制，这些困难将成为女大学生创业能力不足的根源。

四、女大学生创业访谈资料分析

（一）访谈基本情况简介

首先，编制访谈提纲。在参考相关文献资料、对女大学生创业调查问卷进行客观预测的基础上，根据了解事实的需要编制访谈题目。访谈题目主要从创业外部环境和内部环境两方面对女大学生关于创业的相关情况进行把握。其次，确定访谈对象。在我们进行创业调研时，随机联系了3位已从重庆高校毕业，且正在创业的女生。通过打电话约定访谈时间，向访谈者说明身份和访谈的目的，以获取其信任，以便顺利进行访谈。最后，资料整理分析。在访谈过程中征得访谈对象的同意，将相关内容记录下来，随后根据相关问题进行整理分析。

（二）访谈材料分析

1. 创业认识方面

从高校毕业后选择创业的女大学生普遍对创业有比较成熟的认识和理解。关于创业问题，成功创办Sunshine花艺工坊的廖某说："大学毕业生选择创业这条路是有一定风险的，需要的不仅仅是知识、勇气、兴趣，更重要的是要有良好的综合素质和能力。我当时选择花艺行业就是因为我爱这行，一直对插花感兴趣，大学毕业后先在一家大型花艺公司担任插花师，两年后与朋友合伙创办了重庆市奕柏电子商务有限公司，主要负责行政管理和客户沟通服务工作。在这期间积极获取经验，我最终希望以后能有一家自己的公司，所以两年后，我创办了自己的花艺工坊，专门从事各种花艺设计和插花艺术培训……"兴趣是创业最好的动力，人们在自己喜欢的行业中才能干得好，才能干出成绩来。而扎实的专业知识是创业的一个基础因素。

关于创业方向，成功创业的女大学生付某，是一个典型案例。2022年，在实习期间找工作高不成低不就的困境中，她选择了创业——开一家重庆小面馆。她说："众所周知，小面作为重庆餐饮的一块'活招牌'，已经家喻户晓，越来越多的人选择靠重庆小面这一项目创业致富。起初我在重庆开店卖小面，因为缺乏技术和经验，不到半年连续亏空，只好停业了。但我不认输，为了学到正宗的重庆小面技术，我'潜伏'在同行的店里苦心学习煮面技术以及店铺的规划、选址、设计和经营管理。3个月后，我又去西安开了家重庆小面馆，现在经营品种多样，回头客比较多，我还请了3个伙计帮忙。"付某凭着对事业的执着和一股吃苦耐劳的韧劲，经过两年的苦心经营管理，如今面馆生意红红火火，且收益颇丰。

廖某和付某经历创业的艰辛和挫折，最终取得事业成功与其开拓创新和吃苦耐劳的精神分不开，最关键是她们选准了创业的方向，还有坚持了自己的梦想，不忘初心。年轻人中，不乏梦想有一天自己能当上大老板的，但梦想归梦想，在实际创业中，资金、技术、人际关系却处处是困难，而大多数人还是缺乏将想法付诸实际行动的勇气和胆量。年轻人，就要敢想敢干，用实践去证明一切。做事业难，做一个成功的女人更难，女大学生创业成功，靠的是信念和坚持，信念源于梦想，同时铸就行动，对理想的执着追求和对未来的坚定信念，会成为创业者的宝贵财富。

创业者的成功经验告诉我们，不是任何人都适合创业，也不是任何人都需要创业，创业是一项复杂的活动，女大学生创业不仅需要胆量和勇气，更需要一种持之以恒的坚持，创业是带着兴趣为自己梦想努力的过程。

2. 创业环境方面

在我们谈到现在的创业环境时，正在创业的女大学生普遍认为大学生创业氛围越来越好，一些社会组织也逐渐关注到这个群体，创业环境也在不断改善。但是，她们希望国家多出台一些针对女大学生创业的扶持政策。谈到创业启动资金如何获得的问题时，开办创业培训学校的成功创业者李某坦言："我创业那会儿，国家政策是有一些的，有提供银行贷款，还有一些创业基金，但是很难申请到。刚开始创业，没那么多钱，就找亲戚朋友借，最后人家见了我就害怕借钱这事。当时好像没听说过有针对女大学生的政策。"

3. 创业教育方面

关于高校创业教育的情况，接受过妇联组织和其他社会机构提供创业培训的两位访谈对象均表示，在大学生期间没有接受过针对女大学生的创业教育和培训。可见，我国的创业教育需要注重有针对性的特色教育。调查了解到，尽管有的高校开设了相关课程，作为选修课的形式，开设了"创业学""大学生创业基础与实践"等基础课程，但没有针对女大学生开设的创业课程，培养女大学生创业的相关知识很少。调查还了解到，个别高校因为大学生就业率好，而创业又担负很大的风险等因素，既不鼓励大学生创业，也不支持创业，因此在高校政策等方面，没有针对创业这方面做努力。这充分表现出高校在创业教育方面还有很长的路要走。

（三）调查结论与思考

通过我们的调查研究，发现当前高校大学生创业能力相当薄弱，刚刚开始的创业教育也未能很好地满足学生的创业需求，尤其是高校女大学生群体。培养高职学生的创业能力，涉及社会、学校、家庭等多方面因素。本研究从创业能力培养的角度出发，结合当前重庆市内部分在校高校女大学生对创业的了解和现状的认识，以及已经毕业的高职女学生创业者对创业能力的评价，综合各个方面，认为应该通过实施创业教育和改善创业环境等途径来提升女大学生的创业素质，从而全面培养女大学生创业能力，使女大学生创业活动能够顺利实现。

通过以上的调查和访谈分析我们不难发现，目前在我国高校女大学生创业能力培养过程中存在的问题有以下4个方面。

1. 女大学生创业整体意识淡薄，缺乏自信心

①调查发现，高校女大学生普遍创业意识淡薄，有意创业的女生大多数是因为本专业不好就业或者是找不到自己喜欢的工作才选择创业，当有较好的工作单位可选择时，女大学生很少选择创业。同时，学校组织的创业活动较少，创业氛围不浓，校园影响力不大，学生参与度也不高，没有激发女大学生的创业兴趣。此外，受传统性别观念的影响，社会上对女性创业存在偏见，认为女性应该从属于婚姻和家庭，相夫教子，不适合从事有挑战的"男人做的事"。创业环境的不理想，使女大学生们不敢向前，屈就于就业而远离创业。由以上诸多因素导致在校女大学生的创业意识淡薄。

②高校女大学生中大部分人缺乏足够的自信心，内心充满矛盾和焦虑。她们一方面渴望尝试创业，有急功近利思想，希望快速创业，快速致富，但缺乏长期创业心理准备，对创业风险和困难估计不足，所以容易出现浅尝辄止的现象；另一方面又害怕创业有风险，为自己能力不足而苦闷，对创业前景把握不定，担心创业不成功，意志不够坚强。一方面想自主创业，想干一番轰轰烈烈的事业；另一方面又想找一份好工作，过上安逸、幸福的生活。在调查中，我们发现部分女大学生存在如下情况：害怕竞争，害怕吃苦，贪图安逸，偏重物质娱乐享受，不愿从基层干起；不敢接受挑战，不敢尝试冒险，不敢也不愿去体验不熟悉的事情，遇事喜欢寻找各种借口，寻找退路；低估自己，害怕失败，怕出差错，怕丢面子，顾虑重重。

2. 理论脱离实际，创业能力薄弱

一般而言，就业、创业指导老师只是按照教材讲解理论知识，完成教学任务，基本上没有组织学生开展创业方面的活动。大部分教师本身缺乏实践经验，没有创业的经历，不能很好地指导学生实践。优秀的创业方案在学校的帮助下可以获得少量的创业资金，但接下来就全权由学生操作，很难持续下去，在创业的道路上，她们缺少"指路人"。小学、初中、高中的学习目的是"升学"，大学教育的目的是"就业"，因此，学校的教育主要是理论教育，脱离实际。再加上父母对女生的保护，缺少社会实践，导致女大学生动手能力与适应能力差，对社会的认知了解也不足，即使个别女生突破重重困难，开始了创业之路，最后也是举步维艰。

女大学生自身能力和经验的不足已经成为影响创业的瓶颈。女大学生在创业时，除了性别歧视、个性约束、传统观念、社会创业环境、家庭因素以及高校创业教育等外在因

素影响外，强烈感觉到创业能力不足、社会经验缺乏等自身因素是决定创业成败的关键因素。在评价自身创业能力时，绝大部分女大学生缺乏自信，认为自己的创业能力不强，要是真正打算创业，创业能力还需要进一步培养与提升。

3. 创业教育缺失，创业知识不足

从相关的调查，以及结合创业访谈，我们可以看出，我国高校的创业教育不完善，很少有高校开设针对女大学生的创业教育，也难有专门为女大学生创设的创业能力培育基地。由于当前我国高校创业教育实践和研究刚刚起步，还没有形成系统科学的体系，针对女大学生创业能力的教育就更显得捉襟见肘了。要成功创业，需要具备创业方面的知识作为理论方面的基础，这是创业的重要保障。创业知识既包含市场需求调查、市场运营、市场营销方面的知识，也涉及工商管理知识、经济法律、组织管理等知识。但是在高校教育中，普遍存在重视专业教育、轻视人文教育的现象。此外，经过以"升学"为目标的小学、初中、高中学习，学生已经养成被动式学习的习惯，进入大学学习的主动性也不强，学校不做安排，学生也就认识不到学习人文知识的必要性，导致了女大学生创业知识储备不足。目前，大多数高校只是简单地开设了大学生就业规划以及大学生就业创业指导课程，创业教育的针对性并不强。创业教育缺失和创业知识不足，这些都影响着女大学生的创业意识和自信心，同时也制约着女大学生创业能力的形成和提高。

4. 创业的支持体系不完善

①缺少家人的支持。对于一般家庭而言，女大学生毕业之后，父母希望她们找到一份稳定的工作，不必冒险创业。从另一个角度看，如果女大学生毕业没有找到一份稳定的工作，不仅会给自己也会给父母带来很大的压力。所以，女大学生没有十足的把握是不敢轻易尝试创业的。

②目前国家出台了一系列鼓励大学生自主创新创业的优惠政策，但是大学生创新创业之路特别对女大学生来说异常艰难，除了女大学生创新创业者本身条件的限制之外，更多的是因为缺乏一个整体有序的创新创业环境，包括制度环境。大多数女大学生社会经验严重缺乏，没有资金源、客户群，更没有管理经验，社会经验和人际交往圈子基本上还处于空白状态，且运用民间借贷及政策性贷款融资等渠道的能力又明显弱于男性。政府没有专门针对女性举办创新创业的专场培训，也没有向各高校女生宣讲女性创业的相关政策。

③高校现有的创新创业教育课程体系不健全，没有针对女性开设的基础课和必修课；教学思路老套，仅限一门理论课和一本教材，教学手段陈旧，教学方法呆板，仅限教室内教师单向讲授，课内满堂灌，课后抄作业；家长对女大学生在事业奋斗上要求相对较低，引导女大学生好好学习，考出好成绩，找"铁饭碗"，追求安定平稳，所以女大学生普遍

从小缺乏社会竞争意识和独立自主精神。此外，资金支持不足。女大学生家庭在经济方面能对其以后就业和创业的资金资助能力十分有限。学校针对优秀创业计划的学生有少量的资金支持，社会资金的支持较少，仅靠学校微薄的支持不足以支撑一个长远的创业计划。没有资金支持，再好的创业想法也会成为泡影，无法实现。

综上所述，我们可以得出如下结论：大学生创业能力是综合能力的体现，创业能力的状况直接决定大学生走出校园后在工作岗位上的创新状况与创业的绩效。当前女大学生创业愿望较为强烈，但投入创业的人数还不多，比例较小；多数女大学生认为高校针对女生开设创业教育是很有必要的，但目前高校的创业教育并不能满足她们的创业需求；当代女大学生创业意识薄弱，创业能力明显不足，创业能力的不足导致创业失败的可能性大……为了确保女大学生创业成功，需要家庭、学校、社会、政府等齐心协力共同为大学生创业提供一个良好的环境与氛围，同时要求女大学生要提高自身素质与能力，最大限度地发挥创业潜能，想创业、敢创业、乐创业。

本研究认为女大学生是一个集女性、青年、知识分子于一体的特殊群体，在沟通、协调等方面有自己独特的优势，高校应继续加强女大学生的创业意识，转变女大学生就业观念，同时应根据男女差异对女大学生进行针对性的创业教育，扬长避短，从而培养并提升她们的创业能力。

第三节　大学生创业能力素质

一、大学生创业者的基本素质

创业是由个人或若干人联合创办企业并掌握所有权的。从广义上来说，创业是创立基业、创办事业，通过开拓性思维、创造性劳动建功立业。根据我国的创业环境及众多成功案例，概括起来，大学生创业者应具备以下几个方面的基本良好素质：政治素质、思想素质、知识素质、心理素质、身体素质。

（一）大学生创业者应具备的政治素质

能坚持把国家富强、民族振兴、人民幸福作为自己的政治思想，自觉按党的路线、方针、政策办事，自觉地维护人民利益、国家利益。

在政治的大是大非上，大学生创业者应该旗帜鲜明，身体力行，而不只是嘴上说说而已。这要求大学生创业者具有政治上的高瞻远瞩，与各级政府建立密切和谐的关系，对中国的社会福利和慈善事业作出自己应有的贡献，做一个社区的好公民，而决不做任何危害祖国和人民利益的事情。

（二）大学生创业者应具备的思想素质

要建立社会主义市场经济，大学生创业者应该牢固树立与市场经济相联系的几种现代意识。

①市场经济意识。在长期计划经济体制下形成的产品经济意识，是产量、产值导向的管理理念，"增产"成为企业追求的主要目标，而用户对该产品是否满意，以及销售额和利润多少则被放在次要位置，这是与市场经济的要求背道而驰的。

②市场竞争意识。许多大学生创业者，身体已经处于市场竞争之中，但头脑中缺乏竞争的意识和谋略。人们往往习惯于纵向比较，而不进行横向比较，经常满足于一得之功及一孔之见，满足于"进步不大，年年有"，满足于企业员工"收入不多，有饭吃"。这与市场竞争的新体制格格不入，不冲破它，企业就无法投入市场的海洋。

③效率、效益意识。有些大学生创业者效率、效益不离口，但却对身边的低效率、高浪费现象熟视无睹。办公室喝茶、聊天，习以为常；资金上的跑、冒、滴、漏不去抓；办事拖拉，不紧不慢，不当回事……这种大学生创业者的效率、效益意识其实并未真正建立起来。

④开拓创新意识。创新来源于开拓精神，敢于走前人没走过的路，敢冒失败的风险，才能开拓出新局面，在创新中走向辉煌。增强中国企业的技术创新能力，要从"中国制造"尽快地过渡到"中国创造"，要在这方面上有眼光、有魄力，自己的路才能越走越宽。

⑤风险意识。市场竞争是残酷的，机遇与风险共存，不敢冒风险，也就抓不住机遇。在市场竞争的惊涛骇浪面前，敢不敢冒风险，敢不敢闯出一条新路，往往决定了创业者的命运。

⑥服务意识。如今科学技术的扩散速度极快，制造技术和设备差别很小，企业间的竞争日益转移到服务领域。服务制胜时代来临，赢取服务质量上的竞争，要靠全体员工树立牢固的顾客至上和优质服务意识以及具有专业化的服务技能。

⑦诚信意识。现代化的企业越来越实行开放式经营，甚至于实行跨国界的全球经营，其间，企业与外界建立了众多的关系，包括许多合同关系。能不能严格履约，守不守信用，自然成为企业的重要道德标准。守信是调节企业公共关系的道德规范。守信的价值观

基础是视企业信誉为生命，其实践的要点是以诚待人。

⑧法制意识。市场经济的秩序靠法律来维持，守法经营是领导者必须守住的一道防线，一旦这个阵地失守，最后只有走向深渊。由于初创期缺乏信誉积累，大学生创业者的法制意识更为重要。

（三）大学生创业者应具备的知识素质

①基础知识。所谓基础知识指高中毕业生的知识水准，这是大学生创业者最起码的知识基础，包括语文、外语、数学、物理、化学、生物、历史、地理等。

②人文社会知识。任何组织都是社会的细胞，在社会的大环境中生存和发展，与社会有着千丝万缕的联系。大学生创业者应丰富自己的人文社会知识。特别是关于哲学、政治、文化、道德、法律和历史方面的知识，以确保做出正确的决策，并有效地加以实施。特别重要的是，一些大型项目的创业者，必须能够从政治上看问题，从哲学上进行思考，具备较高的人文社会知识的修养。

③科学技术知识。科学技术是第一生产力，科学技术日新月异，谁掌握了明日的技术，谁就在竞争中稳操胜券。大学生创业者应力求在自己从事的业务领域中成为专家，又要有比专家更广博的知识面。

④管理知识。管理是科学，也是艺术。现代管理理论是一切领导者的必学科目，也是成功者的护身法宝。在实践中创造性地应用管理知识，就会形成独具特色的领导艺术。

（四）大学生创业者应具备的心理素质

创业是一种精神，也是一种意识，更是一种人生的挑战，创业是团队的合作，也是心理的成长，更是生命的体验。每位创业的大学生都需要一个良好的创业心理素质，才能很好地从事创业实践活动。

①强烈的创业意识。有了创业必备知识并不等于创业能成功，创业成功的因素很多，因素之一就是要有强烈的创业意识。俗话说，一切靠自己。这就要求大学生创业者挖掘大脑的潜力，对创业产生强烈欲望，营造创业的氛围，积极为创业创造条件。

②自信的创业精神。自信心是一个人相信自己的能力的心理状态，自信心与成功密切相关，没有自信心是很难成功的。大学生创业者要认真学习"潜能教育论述"和"成功教育论述"，培养和坚固自己创业的自信心，最大限度地挖掘和发挥潜能，成就自我，享受人生。大学生创业者还要有自强、自主、自立精神，要通过多种形式学习创业成功者的优秀品质，深刻领会他们在创业过程中经历的风险。

③竞争意识。人类正是在存活竞争之中学会了制造和使用工具，不断丰富发展了自己

的大脑。没有竞争就没有进步，没有竞争就没有优胜劣汰。

④强烈的责任意识。没有责任感的员工不是优秀的员工。大学生创业者要将责任根植于内心，让它成为脑海中强烈的意识，在日常行为和工作中，责任意识会使创业者体现得更加卓越。责任感是由许多小事构成的，但是最基本的是做事成熟，无论多小的事，都能比以往任何人做得更好。创业者要立下决心，勇于承担责任。

（五）大学生创业者应具备的身体素质

身体是完成任务的基础，拥有良好的身体素质，才能拥有一往无前的魄力。如果想创业，就必须有一个健康的身体。要在日常生活中注意锻炼身体，锻炼的方式很多，以对身体锻炼有效的项目为主，其他项目为辅，要有坚定的意志和志向。

古希腊思想家苏格拉底在教学中有过这样一件事发生，在开学的第一天，苏格拉底对他的学生们说："今天我们只做一件事，每个人尽量把手臂往前甩，然后再往后甩。"说着，他做了一遍示范。"从今天开始，每天做300下，大家能做到吗？"学生都笑了，这么简单的事，谁做不到呢。可是一年以后，苏格拉底再问的时候，他的全部学生却只有一个人坚持了下来，后来这个人继他之后成为新一代思想家，这个人叫柏拉图。所以，要锻炼好身体，关键在于要有坚强的意志和坚持不懈的毅力。

二、大学生创业者的必备能力

要成为成功的创业者，必须具有出色的经营才能。创业能力是一种能够顺利实现创业目标的知识和技能。它除了具有能力的一般含义外，还有自己的独特内涵。

（一）创新能力

创新能力就是大学生创业者在生产经营活动中善于敏锐地察觉旧事物的缺陷，准确地捕捉萌芽的新事物，提出大胆的、新颖的推测和设想，继而进行周密论证，拿出可行性解决方案的能力。创新不仅仅是从无到有地创造一种产品或服务，更多的是在以往的基础上对原有的产品或服务进行改进。大学生创业者的创新能力往往体现在技术、管理和营销上的创新。创业是开创一项事业，没有一种可以复制的模式让我们一劳永逸。一个新的管理理念或是新开发的产品或服务，往往会给创业者带来惊人的回报。

（二）决策能力

决策能力是指大学生创业者能够根据外部经营环境和企业内部经营实力，选定经营项目，确定企业发展方向和目标，拟定企业发展战略和营销组合策略，并能根据内外情况变化适时做出调整的能力。

大学生创业者培养决策能力应注意以下三点：第一，克服从众心理。决策能力强的人，能摆脱从众心理的束缚，解放思想，冲破世俗，不拘常规，大胆探索，唯有此，大学生创业者才能独具慧眼，捕捉到更多的机遇。第二，增强自信心。大学生创业者首先要有迎难而上的胆量，其次要变被动思维为积极思维，再次要培养自己的责任感和义务感。第三，决策不求十全十美，注意把握大局。

提高大学生创业者决策能力有以下几种途径：从博学中提高决策的预见能力，从实践中提高决策的应变能力，从思想上提高决策的冒险能力，从心理上提高决策的承受能力，从思维上提高决策的创造能力，从信息上提高决策的竞争能力，从群体上提高决策的参与能力。

（三）营销能力

营销能力是市场营销技能最直接的体现，也是所有市场销售行为结果的体现。对于大学生创业者来说，行之有效的营销非常关键，新创企业往往做不起广告，多数只能通过大学生创业者亲自拜访目标顾客获得订单。

一旦开始创业，该怎么做？下一步怎么办？都必须有清醒的认识。如果产品造出来没人买，公司就白开了，有许多公司都是开起来最后却关门了，其根本原因之一就是他们不懂如何推销自己的产品，如何推销自己的公司品牌。因此，要把公司"卖"出去，一个是卖公司的产品，另一个是随着产品的销售，卖出公司的品牌，就是说让大众认可公司的品牌，让大家都知道这个产品是从这个公司卖出来的。

（四）交往能力

交往能力是指妥善处理组织内外关系的能力。包括与周围环境建立广泛联系和对外界信息的吸收、转化能力以及正确处理上下左右关系的能力。人际交往能力是大学生创业者发展和巩固其人脉资源的重要保障。人际交往能力主要表现在表达能力和反应能力两个方面。

表达能力是充分、有效地将自己的观点阐释给对方的能力。充分有效的表达能够使大家领悟企业目标、面临环境和工作对策，能够使大家更加有效地为完成共同的目标而努力。反应能力是表达能力的有效补充，良好的反应能力能够帮助表达者随时领会和把握表达对象的需求理解其要表达的内容，并有效调整自己的表达方式和内容。

（五）管理能力

管理者的管理能力从根本上说就是提高组织效率的能力。管理者若要准确地把握组织的效率，需具备五种管理能力。

①战略管理能力。战略管理能力是指大学生创业者通过制定、实施、评价企业战略以保证企业组织有效实现自身目标所表现出来的能力。要求创业者具有战略眼光，能从总体上把握形势，既考虑当前利益，又考虑长远利益，尤其是在某些特定情况下，能够着眼于长期目标，而不拘泥于一时一地的得失。

②文化管理能力。文化管理能力是指大学生创业者为解决企业的长期生存和发展，在企业内部建立的一种全体员工共同遵循的基本信念和认知的能力。

③信息管理能力。信息管理能力是指大学生创业者善于收集、整理与分析信息，并使之系统化，在企业内外建立通畅信息渠道的能力，这是决策科学化的重要基础条件。

④人力资源管理能力，人力资源管理能力通过招聘、甄选、培训等管理形式对组织内外相关人力资源进行有效运用，满足组织当前及未来发展的需要，保证组织目标实现与成员发展的最大化。

⑤组织管理能力。组织管理能力是指大学生创业者为了有效地实现企业目标，运用行之有效的手段，把企业生产经营活动的各个要素、各个环节，从纵横交错的相互关系上，从时间和空间的相互衔接上，高效地、科学地组织起来的能力。

（六）用人能力

公司的管理和运作与其说是资金的运作，不如说是人的运作。创办一个新企业，很重要的一点是要组建一支强有力的核心团队。宁愿投资一流团队的二流技术，也不愿投资一流技术的二流团队，这是创业投资上不成文的信条，说明了建立好一流团队对于创业的重要性。大学生创业者必须坚持"以人为本"的管理理念，必须懂得人力资源的管理。一方面，大学生创业者要网罗企业发展所需的关键人才，招贤纳士，留住人才；另一方面，要充分利用和开发企业现有人才，做到"人尽其才"，构建一个"学、教、练"相结合的学习型的人才团队。

大学生创业者对待下属要具有两种素质：一种是"德"，也就是要奖赏下属，学会财富分享，才能凝聚人心，才能激励工作；一种是"威"，廉政树威，才敢惩罚下属的不当行为。只有将两者有机结合起来，即"宽猛相济，恩威并施""赏罚严明"，才能进行有效的管理。

第四节 "互联网+"背景下大学生创业能力的培养途径

一、遵循人才成长多样化规律，强化创新创业能力培养

（一）更新教育理念，服务学生个性发展

个性化教育，是以人的个性发展为出发点来展开的教育模式。其实，中国的个性化教育自古就有，如儒家的代表人物孔子就曾兴办私学，门人弟子也是各种身份地位的人都有，且智慧和见识也各不相同，基于这种情况，孔子针对不同的人，采取不同的教育方式，而这也开创了个性化教育的先河。在当今社会，个性化教育不仅是时代发展的需要，也是教育自身发展的需要。在这一过程中，人的主体地位得到了极大的重视，个性化诉求也越来越强烈。从这个意义上来讲，现代高等教育的个性化诉求，并不单单是教育内部的原因导致的，而更多的是社会发展的需要和人自身发展的需求等多重因素共同作用的结果。同时，这与国家所提倡的"以人为本，促进经济社会和人的全面发展"的科学发展观理念也是相辅相成的。创新人才培养模式，使得学生个性得到解放和发展，是当代高校落实"以人为本"的科学发展观的重要举措。

从国外一流大学的发展历程就可以看得出来，以美国为例，在被殖民时期和建国初期，美国的大学教育主要强调培养英国式的"绅士"以及"横向型"的具备多种才能的人才。但是随着不断细化的社会分工以及工业革命的影响，美国大学开始转变人才培养理念，转而培养各种专业性和实用性的人才。随后由于人才培养中专业性过强，又转入培养全面发展且有教养的社会性人才。到了二十世纪之后，随着社会对于知识和创新的需求，美国的大学开始把创新性写入人才培养理念中，而这也成为当下世界各国高校的重要人才培养理念。

需要补充一点的是，家庭因素对当代大学生的创新创业也有着重要的影响作用。大学生的家庭背景情况以及大学生自身家庭对于其进行创新创业活动的支持度都对大学生的创

新创业态度有着重要的影响。许多家庭经济条件比较好的大学生，因为父辈们积累下了丰富的资本，父母们担心孩子在外创业吃苦受累，所以更希望孩子可以有一个稳定的工作，在这种情况下许多学生的创业意识相对较低。反过来如果家庭鼓励和支持大学生勇于挑战自我、积极创新创业，这样的学生在创业时就会怀有更加积极乐观的态度，敢于去直面创业中的艰辛和困难。另外家庭环境对创业意识的影响还体现在大学生父母们是否有创业经历，如果其父母是个体经营者或企业主，那么他们的孩子的创业意识就相对较高。因此家庭观念的更新对于大学生的个性发展和创新创业意识的增强也有着十分重要的作用。

（二）改革传统的指导方式，激发学生创造实践的主观能动性

在指导方式上，要改变传统被动的指导学生的方式，调动学生主动参与进来。传统的高等教育，学生在课堂上更多的是听老师在灌输知识，学生更多的是在接受知识而不是掌握知识，他们不会去自觉思考和学习，最终导致学生根本离不开老师的指导而自己去解决问题，因此当大学毕业之后，离开了老师就会感觉自己什么也没有学会，什么也做不了，就业也会十分困难。因此在高校课堂上，老师应该改灌输式的直接教育为引导式的间接教育，这样学生就有更多的时间去主动学习和思考，有助于学生个性和创新性的培养。

可见，只有当高等教育真正把学生当作主体，充分地释放学生的主体个性之后，学生的创造性才会被激发出来。中小学义务教育更多的是学习实用性的知识和技能，因此学生在进入大学之后，才真正开始释放自己的个性，进而发挥自己的创新能力。而教育实践也证明了这一点，即如果一个学生的个性得到了充分的发挥，那么他的创新能力随之也会得到很好的发挥。同理，一个学生的创新能力得到越好的发挥，他的创新创业能力就越强。

总之，在高等教育中，学生理应成为教育的主体。只有这样，才能关注到每个学生的个性差异，才能充分发挥学生的个性，使其最终成长成为个性独立、极富创造力的人才。

二、加强大学生创造性思维训练，挖掘创新创业潜力

创造性思维，是指思维的一种高级别的综合性活动，是创造者根据自己所拥有的知识和经验，进一步找到事物之间的新的关系，进而得出新结论、获得新成果的综合思维过程。虽然创造性思维具有多种含义，但这里主要强调的是普遍意义上的高校创造教育及在课程教育下的创造性思维培养，其目标主要是培养高校学生的创造意识，从而开发其创新潜力，进而使得其成为创新型人才。创造教育的内容主要包括对创造思维自身的知识进行学习以及对学习创造性思维实践能力的培养，并且从内容上来讲，二者是一个协调统一的整体。

对于大学生创造性思维的培养，国内外大学都在积极探索相关的途径，如"SRT计

划"（student research training）便是其中一种。"SRT计划"目的是加强培养学生创新意识和创新能力，通过使本科生尽早接受科研训练，以及了解工业现状和社会实际情况，激发其创造性思维。"SRT计划"能使学生在导师指导下以我为主，开展一些初步探索性研究工作，使学生早日进入专业领域，受到科研工作的训练。这种带有独立性的工作方式对于培养学生的创造性大有益处。

当然，"SRT计划"只能算是一种尝试，高校要对学生就行创造性教育，培养学生的创造性思维，这不是一件一蹴而就的事情，而是一项系统性和长期性的事情。

（一）完善高校创造性教育课程体系

目前我国大多数高校都存在着创造性教育成效不佳的情况，从整体来看，存在着管理欠规范、创造教育思想因循守旧的问题，从而极大地阻碍了学生创造性思维的发展。面对这种情况，高校在创造性教育上要明确创造性教育的人才培养目标，更新创造性教育人才的培养理念，不仅仅把创造性教育的目标定位于学生科学文化知识的学习和创新就业能力的提高，更应该定位于培养德才兼备的适应社会主义现代化建设的新型人才。

基于以上的原因，我们的高校已经在逐步开设创造学的课程，进而提高学生的创造性思维。另外，创造性人才的培养不仅要结合国内的社会经济发展情况，也要重视对国际上创造性教育的吸收和借鉴。如麻省理工学院1948年就开始设置"创造性开发"相关的课程，随后国外其他大学纷纷效仿，截至1979年，美国几乎所有高校都有相关的创造性课程，随后不断发展和创新，这些对于现在我国的创造性教育发展都有着重要的借鉴意义。

（二）搭建创新创业实训平台

学生要树立理论和实践相结合的学习理念。这是因为对于高校学生来说，其创造性思维是由理论思维和实践能力两方面相结合培养出来的，但是实际情况却显然不是这样，部分高校在对学生的培养中理论和实际严重脱节，这就导致大多数学生在具体的实践中早已将自己所学的创造性思维抛到一边。另外即使是课堂上的理论学习，也因为教学时长的关系，不能做到十分完备，面对这种情况，高校学生在面对所开设的学习科目的时候都应该积极主动地用创造性的思维去进行再思考，进而得出新的解决问题的方法。对于理工科的学生来说，要珍惜和充分利用自己的实验机会，在实验中积极运用创造性思维去思考和解决问题，从而在实验中激发自身的创造潜力；对于文科生来说，要做到熟练掌握自己专业的知识和技能，并在此基础上进行多学科的交叉学习，进而培养自身的创造性思维能力。另外虽然学生身处学校，但还是有一定的机会和社会接触，因此在与社会接触的过程中也要充分运用创造性思维去分析和解决问题。

对于高校来说，要搭建好理论和实践相结合的创新创业平台，从而确保大学生有更多的机会在社会、行业和市场中去操盘练手。如创办大学生创业园，给有志于创新创业的大学生提供充分的实践创业机会。大学生创业园对于大学生来说具有非凡的意义：首先，它作为大学生创业的孵化基地，为大学生的创新创业提供了一个十分重要的实践平台；其次，它是大学生创业教育的课堂、创业实践的大本营，是检验创新创业教育效果的最佳舞台。因此，高校和社会、政府机构应该积极地致力于学生创业园的建造，并通过大学生创业园的信息反馈，与社会金融服务机构、创业培训机构、创业资质评定机构、创业者校友联合会等机构进行联系沟通、协作，共建高校、社会、政府等方面良性互动链的创业服务性、科学化系统，提升创新创业的认可度和支持度，形成和谐、有力的社会支撑服务体系和评价体系。另外高校也可以建设互联网"中小项目交易平台"，可以使企业需求与大学生的创业项目良好地相互对接，实现互惠互利，这样就可以充分发挥网络优势把校外科技研发和创业合作有效结合起来，通过创业服务基地，对注册的企业进行资质审核及认证，鼓励和支持有创造科技特长以及创业意向的大学生组成团队去承接企业需求的中小项目研发和营销等市场经济活动。

总之，高校学生要抓住机会积极主动地去培养自身的创造性思维能力，提高自身的创新创业能力，进而适应未来的社会发展需求，在激烈的社会竞争中占据一席之地。

三、实施分层次、分阶段培养，提高大学生创新创业能力

学生素质的差异，主要是由于高等教育自身的改变所造成的。高等教育的规模不断扩大，但高等教育生源的质量却在不断下降。学生的知识层次和学习能力有较大的不同，从而导致了高校学生本身的素质存在明显的差异。如初次进入大学校园的学生，对于自我的定位和对于未来的就业没有一个清晰的认识，进入大学二年级，学生已经适应大学的生活，对于自身和未来都开始有比较清晰的认识，这样针对不同阶段学生的不同情况进行相应的培养，才能更有效地提高大学生的创新创业能力。

（一）针对素质差异，实施分层培养

对学生进行分层培养，我们自古就有这样的先例。如孔子就曾提出因材施教并在实践中力行。同样的问题，不同的弟子来提问，孔子会做出不同的回答，如颜回问孔子"仁"是什么，孔子回答"克己复礼为仁"，朱熹对孔子的这一行为做了这样的评论："乃传授心法切要之言。非至明不能察其机，非至健不能致其决，故惟颜子得闻之"，足见孔子对于颜回的赏识。而子贡来问"仁"，孔子却说："己欲立而立人，己欲达而达人。"这就不是在谈论"仁"，而是怎样从自身去做的问题。而这些，都是孔子根据其弟子的不同特

点所做出的最为恰当的回答。这种做法，运用在教育实践中，就是因材施教。

回到高等教育本身，对于学生素质的差异，可以采用分层培养的方式，这样既能很好地落实教学计划，又能满足不同素质的学生的发展要求，更是对个性化教育的实践。美国当代著名的教育家本杰明·布鲁姆就指出学生在学习中无法取得优异成绩，主要原因不是学生能力欠缺，而是由于未得到适当的教学条件和合理的教学帮助。这也是对于分层培养的一个很好的解释。假如在学生素质差异很大的情况下，高等教育依旧采取"一刀切"的方法，用相同的方式去教学，那么学生之间的差异会更加巨大，久而久之，跟不上教学进度的学生就会对学习失去兴趣，进而一蹶不振，对于未来的就业造成很大的心理负担。而只有采取分层培养，才能有效地避免这种情况，这一点，在西藏民族大学的教学实践中，就得到了很好的落实。西藏民族大学的生源有区外生源和藏区生源，二者素质差异较大，针对这种情况，学校对区内和区外的生源采取了两套培养方案，有学术理论型的，也有实际应用型的，这样将区外学生定位为学术理论型，将藏区的学生定位为实际应用型，很好地结合了西藏当地经济社会发展的需要，极大地满足了藏区对于人才的要求标准。而对于区外生源，因为其毕业后主要回归区外，因此在培养的过程中采取和区外院校同步的标准，从而使得区外的生源在毕业之后具有很强的就业优势。这样一来，就使得学生教育很好地做到了分层学习，分级就业。

（二）针对成长特点，实施分阶段培养

对于学生成长特点，在个性化教育的前提下，可以在不同的阶段对学生进行分阶段的创新创业培养，如对于刚进入大学的新生，因为还没有适应大学的生活，对于自身的发展目标和就业方向都没有明确的认识，这一时期对于学生的创新创业教育应该以引导为主，引导学生进行创新性思维的学习和树立明确的创业方向，进而根据自己的实际情况制定自己的大学学习规划。到了大二、大三之后，因为学生自身已经适应了大学的学习和生活，对自身的兴趣爱好、专业技能学习情况以及将来的就业方向都有了较为清晰的认识，因此在这一时期应该对学生进行全面且深入的创新创业教育，增强学生的创新创业能力。到了大四的时候，这一时期学生对于自身的学习程度已经有了一个全面的把握，而自身的创新创业能力也有了一定的提高，到了这个阶段，就应该多鼓励学生去参与更多的社会实践，一方面用于实践自身的创新创业能力，另一方面也为自己今后就业积累一定的社会经验。

从学生角度来讲，大一阶段是其起步阶段，在这一阶段学生就要开始接触职业规划的概念，进行初步的职业生涯设计。大二阶段是其创新创业能力孵化的重要阶段，在这一阶段，大学生们要正确认识自己的需要和兴趣，确定自己的价值观、动机和抱负。进入大

三，就要不断学会推广自己。其间可以参加与专业有关的暑期短期工作，学习写简历、求职信等求职技巧，了解搜集就业信息的渠道，并积极向已经毕业的校友了解往年求职情况，如果有相应的就业机会要去积极尝试。到了大四，经过三年的充分积累，已经到了要进入社会占领市场的阶段，这时候就要积极利用学校提供的各种有利信息，了解用人公司的相关情况，同时强化自身的求职技巧，为入职做最充分的准备。

四、深化个性化教育理念，增强高校创新创业氛围

（一）创设个性化的教育教学环境

高校要创设个性化的教育教学环境，要从以下几点做起。

①要创新教育教学管理模式，进一步服务于学生的个性发展。创新教育教学环境，就是要转变以往的以"教"和"传授"为中心的教学管理模式，改为以学生的个性成长和创新创业的培养为中心，进而全面提高学生的创新创业能力。

②要完善科研制度。科研是培养学生个性，提高学生创新创业能力的重要途径。要完善科研制度，首先要优化学生的课程设置，积极吸纳学生参与老师的课题研究。另外，在课堂教学的环节中，也要加入研究性的教学和互动式的培养方式，开拓学生的思路，锻炼学生解决问题的能力。更为重要的一点，是学校本身要大力支持学生参与相关的科研项目，并给予一定的专业指导和经费支持，这样一来，学生的自我创新能力就会得到一个大的提升，有利于今后的就业创业。

③要推广和完善访学制度。访学是学生更深入和亲密地接触前沿学术、开拓自我的学术视野，以及增强跨学科和跨文化交流和理解的重要途径，因此对于学生的创新创业能力培养有着重要的作用。当然，访学也要根据各自高校的具体情况，从自身的实际出发，建立适合各自发展的路径，与更多的国内外高校进行更多的交流和合作，从而为学生提供更多的在国内外高校间相互交流的机会。同时，访学更要在访学项目上下大功夫，提高项目本身的学术价值和创新性，这样才能使得出访的学生有真正的机会去接触高水平的科研项目，并亲自参与到项目的进程中，最终使得自我的科研能力有根本性的提高。

④要改革教学评价方式。教学评价，对于衡量高校教师的教学水平以及学生的学习水平有着重要的作用。如果教学评价让教师和学生接受和认可，那么不但有利于教师进一步开展自己的教学，也对于引导学生的个性发展有着重要作用，但是如果教学评价不当，那么对于教师教学和学生学习都是一个严重阻碍。要对目前的教学评价进行改革。首先要改结果评价为综合评价，把评价的着重点放在对教学质量的矫正和调控上，这样才能起到提

高教师的教学水平和真正培养学生的目的。其次，在评价的依据上要更多地考虑学生的创新思维能力和自我实践能力，而不能一味地只考察最终的分数。最后，可以尝试新的学生评价和考核方式，如在坚持传统的学生评价和考核方式的同时，用学生的创新成果或创新创业项目来代替学生的毕业设计或毕业论文，这样更能激发学生的创造性思维，促使其更加积极主动地去进行创新创业。

（二）建立创新创业激励机制

从心理学上来讲，激励对一个人的潜力发挥有着重要的作用。正面地激励一个学生，不仅能使得学生发现自己潜在的能力，更能激励其有更加坚定的信心走上创新创业的道路。

要实行高校创新创业的激励体制，高校要积极鼓励学生学习动手实践。就现阶段的高校学生而言，在学校的学习还是以理论学习为主，缺乏充足的实践机会。我们知道，创新创业的兴趣，更多的是在实践中慢慢地产生出来的。因此，高校应该给予学生更多的实践机会，如让学生可以有机会参与到学校的日常事务中，甚至是管理中去，以此来加强学生的实践能力，激发其对于工作的热情。总的来说，学生对于自己学校给予的工作锻炼机会还是非常有参与的积极性的，十分愿意为自己的学校作贡献，要考虑到给学生所安排的工作既要和学生本身的能力相适应，又要有一定的挑战性，这样才能起到很好的锻炼作用。另外，还可以把一些学校相对重要职务的选择条件和学生的创新创业成果结合起来，这就更加促进了学生参与创新创业的积极性。在参与中，学生自己受到了身边同学和老师的赞赏，也满足了实现自我价值的需要。选拔本身对于学生来说也是一种认可，这样既可以在精神上给予学生一定的激励，又能激发学生自身的责任感以及增强学生自我实践的能力。

学校要积极促成学生的校内创业与社会的真正接触，发挥自身的桥梁作用，引领学生的创业项目走出校门和社会上的企业进行合作。而对于没有进行自我创业的学生，学校也要积极引导学生利用课余时间和假期时间，参与到社会的实践中去。在实践中所取得的成绩，学校应该给予一定的表彰。

通过这一系列的活动，学生对于自我创新创业的能力有了更加深入的认识，进而明确了接下来自己的学习中要努力的方向，也为自己将来的就业增添了许多竞争优势，有利于将来更轻松地找到适合自己的就业机会。

高校要设立创新创业奖学金，专门用于学生自我的创新创业以及校企合作就业实践。作为大学生，还没有稳定的经济来源，仅有创新创业的想法是不足以完成自己的创业实践的。但如果高校在学生的创新创业过程中予以资金上的扶持，这对于他们来说，不亚于一剂兴奋剂，足以激发起学生的所有创业梦想。高校可以设立相应的创新创业奖学金以及微小企业奖学金等，鼓励学生发挥自己的创新创业特长。

（三）打造专业的创新创业导师队伍

要培养创新型的人才，对于高校来说，拥有一支创新教育团队是十分重要的环节，这就需要高校建立一支多学科综合的教师队伍。

创新教育是一个系统性的教育，它需要多学科多层次的综合教育，需要在教学过程中纳入各类社会科学知识。显然，单一的学科已经无法满足创新创业的教育要求，这就要求综合多学科的教师，以及从社会中聘请相应的企业家和创业先进分子等，组成一个综合的教育团队，来对学生进行更好更全面的创新创业教育和相应的实践指导。对于这个教育团队来说，他们需要既相互分工又相互合作，以便最终完成教学任务。

同时高校对于自己的创新教育队伍要加大培训的力度，并创造条件让教师去亲自体验创新创业的过程，进一步提高自身的理论水平和实践能力。这一方面，教育部本身也在下大力气，比如教育部每年都会在各个高校抽调骨干教师参与"创业教育骨干教师培训班"，在培训中有相关的创业教育领域的专家学者来讲授国内外高校的创新创业教育的相关经验，让各个高校的创新创业教师更加全面深刻地认识国内外先进的创业教育方法，以便提高自身的教育培训能力。

对于外聘的社会各界企业家和创业先进分子，他们将从各种熟悉的领域对学生进行专业且深入的创业实践指导。此外还可以邀请政府部门的创业政策相关负责人为学生讲解国家的相关创业政策，引导学生进行创业实践。

（四）深化校园创新创业文化建设

校园文化建设是培养创新型人才和大学生创业教育重要而有效的途径，校园文化对于学生的个性发展和创新创业教育都有着重要的促进作用。

①校园文化有利于学生的个性发展以及和谐发展，为学生的创新创业打下了良好的基础。发挥校园文化的作用，主要从以下几个方面做起：首先，要重视校园的环境文化。因为只有做到个性化的校园建设，才能充分发挥环境资源本身的教育价值，从而为学生的个性化成长营造良好的氛围。如对校园人文历史遗迹进行深入的发掘，既可以增强学校的文化内涵，又可以突出学校的个性特色。同时，学校的建设在很大程度上也体现了一个地区的地域性特点，并在对这一地区的历史文化的继承和发展中形成了自身的个性特点，因此有着浓重的地域特色，深入发掘校园的人文历史遗迹，学生能更直观的了解这一地区的地域特色，更容易融入这一地区，又将有利于今后的创业就业。同时，也要重视校园的文化

导向作用，如设立具有创新性的浮雕、石雕等，久而久之对于学生都有着潜移默化的教育作用，能潜在地激发学生的创新意识，使得其更加主动地投入创新学习中去。其次，要重视校园的网络文化。在现在这个时代，信息高速发展，网络已经成为人们的生活、学习中不可分割的一部分，深入每个人的生活。对于校园网络生活来说，它是网络与学校生活结合起来而形成的一种新的生活形态和网络形态，是对传统的校园文化生活的进一步丰富和补充。随着网络的发展和快速传播，网络本身具有了极强的影响力，网络文化已经成为一种新的文化形态，对于人们的精神生活有着重要的影响作用。可以利用校园网络宣传学生的创新创业教育先进事迹，激发学生的创新创业热情。同时，也可把创新创业教育加入自媒体中进行宣传，拓展宣传路径，进一步强化校园网络文化对创新创业教育的引导功能。

②校园文化直接带动学生进行创新创业活动。一方面可以通过举办校园创新创业大赛，进行创新创业项目评比，这样可以直接引导学生参与创新创业活动。通过参与创新创业大赛，对于学生的自主创新能力和决策能力等都起到一定的锻炼作用。同时通过创业大赛的比拼，一部分学生还可以获得相应的创业奖金，使得其创新想法进一步变成了创业现实。另一方面还可以在校园建立创新创业社团，提供相应的场所和活动经费，并委派专业的创新创业教师对创业社团的相关活动进行科学的指导。另外，高校也可以利于自身的资源优势为创业社团和社会上的优质企业进行牵线搭桥，让高校的创新社团走出去。

大学生创新创业教育离不开校园文化建设这一培养平台，应该紧密结合学校工作实际，坚持科学为本、创新为先，成才为导、实践为基的工作理念，形成与创新创业教育相匹配的校园精神文化、学术文化、行为文化、物质文化。校园应发挥校园创业文化在宣传创业、鼓励创业、引导创业方面的核心作用。

第三章

大学生创业机会与风险

第一节　大学生创业机会评价与识别

一、创业机会的评价

所有的成功创业都来自好的创业机会，创业者均对创业前景寄予厚望，并对创业机会在未来所能带来的丰厚利润满怀信心。

但是，创业本身是一种高风险行为，大多数创业梦想可能会落空。事实上，创业获得成功的概率大约为1%。创业失败不但损失了金钱，而且打击创业者的自信心，有的创业者甚至可能放弃创业梦想。如果创业者能在创业前对创业机会进行客观的分析和评价，创业成功的概率可以大幅提升。

在开发创业机会前，创业者应对初步选定的创业项目进行可行性研究，从技术、经济、财务、社会和环境等方面论证项目的可行性和合理性，编制项目可行性报告和项目评估报告决定是否开发创业机会。

这里要强调的是，创业者对创业机会做出开发决定时要判断创业机会的价值，这就要求创业者掌握一套评估标准，对创业机会面临的市场机会和经济效益进行客观准确的评判。风险投资者和精明老练的企业家往往积累了丰富的经验，利用一系列关键指标对创业机会进行评估。

（一）市场评估

1. 市场定位

创业者应通过创业机会的市场定位，了解创业机会的目标市场和竞争优势，判断创业机会可能创造的市场价值。市场定位带给顾客的价值越高，创业成功的机会越大。如果创业机会在目标市场无竞争优势，就应放弃。

对创业机会进行市场定位，需要了解市场定位。

（1）市场定位的含义

市场定位是指确定产品在目标市场上所处的位置。创业者根据竞争者现有产品在市场上所处的位置，针对顾客对该类产品某些特征或属性的重视程度，设法在自己的产品上找出比竞争者更具有竞争优势的特性，为本企业产品塑造与众不同、定位鲜明的形象，并在顾客心目中占据特殊位置，从而使该产品在目标市场上确定独特地位。

（2）市场定位的步骤

①进行市场细分，选择目标市场。通常以消费者的需求、购买行为和购买习惯等差异因素作为标准进行市场细分，每一个细分市场都对应着具有类似需求倾向的消费者群体。通过市场细分，可以了解各个细分市场的购买特点、规模、发展潜力、竞争对手的市场定位，评估市场机会，选择目标市场。有效的目标市场一般要有足够的市场空间，市场竞争程度不高，且初创企业有足够的实力进入。

②分析目标市场的现状，确认竞争优势。确定竞争优势就是选择定位因素。这一步骤的中心任务是要弄清楚三个问题：一是目标市场上顾客欲望满足程度以及需求；二是竞争对手的市场定位；三是针对竞争者的市场定位和潜在顾客的真正利益，企业应该及能够做什么。创业者应针对这三个问题，通过市场调研，系统地设计、调查、分析并写出调研报告，从而确定自己的竞争优势。

③准确选择竞争优势，在目标市场中定位。竞争优势表明初创企业能够胜过竞争对手的能力。这种能力既可以是现有的，也可以是潜在的。因为确认竞争优势实际上就是一个企业与竞争者各方面实力相比较的过程，所以应建立一个完整的指标体系。通常的方法是分析比较企业与竞争者的产品、经营管理、技术开发、采购、生产、市场营销和财务七个方面，由此确定本企业的优势，以确立企业在目标市场上所处的位置。

2. 市场结构

市场结构是指创业机会所在行业内部买方和卖方的数量及规模分布、产品差别的程度和新企业进入该行业的难易程度的综合状态。市场结构由市场主体、市场集中度、市场竞争格局组成。

创业者通过创业机会的市场结构分析，可以了解市场集中度、市场竞争格局、进入该行业的难易程度、初创企业未来在市场中的地位及可能遭遇竞争对手反击的程度。对于行业集中度高、进入壁垒高的创业机会应放弃。

确定一个行业的市场结构，主要依据为市场集中度、产品差异化、对产品价格的影响程度、市场进入壁垒四个因素。

（1）市场集中度

市场集中度是某行业市场排位前几名的企业市场份额占整个市场的比例，也称集中率。它集中反映了市场的竞争和垄断程度。一般而言，集中度越高，前几名企业在市场上的支配程度越高，对市场垄断程度越高。市场集中度由产品本质属性、业内厂家的综合实力、消费需求多样化程度、新兴行业所处的发展阶段等因素决定。

（2）产品差异化

产品差异化指不同企业生产同类产品在质量、款式、性能、服务等方面存在的差异。

（3）对产品价格的影响程度

市场集中度越高，市场排位前几名的企业对产品价格的影响程度越高。

（4）市场进入壁垒

市场进入壁垒也称市场进入障碍，指与产业内原有企业相比，潜在的新进入企业在竞争条件上所具有的不利性，或者说是产业内原有企业在竞争条件上所具有的优越性。市场进入壁垒由经济因素造成，也称经济性市场进入壁垒。经济性市场进入壁垒分为绝对成本优势、规模经济优势、产品差异化优势和对特有的经济资源的占有优势等。

市场一般分为完全竞争、垄断竞争、寡头垄断和完全垄断四种市场结构。四种市场结构中，完全竞争市场竞争最为充分，完全垄断市场不存在竞争，垄断竞争市场和寡头垄断市场具有竞争但竞争又不充分。如表3-1所示。

表3-1　四种市场结构

市场结构	基本特征	典型市场
完全竞争	企业数目众多，企业所提供的产量相对于市场规模而言只占很小的份额。市场上交易的产品或服务完全一样，没有任何差别。每个企业面临既定的市场价格。市场不存在进入壁垒	农产品市场
垄断竞争	市场中的企业可以使它的产品具有独特属性，每个企业通过打造自己的商品差异来产生垄断，这是垄断竞争市场区别于完全竞争市场的地方	轻工产品市场

市场结构	基本特征	典型市场
寡头垄断	市场上只有少数几家厂商。这种市场的厂商向消费者出售的产品或是标准化的，或是有差异的。企业对价格有较大的控制能力。有较大的市场进入壁垒	钢铁、石油行业市场
完全垄断	市场中只有一家企业，产品独一无二，企业自行决定如何生产和生产多少、价格多高。有很大的市场进入壁垒或完全受阻。这种市场不存在竞争，厂商在产品供给数量和技术使用方面缺乏效率	公用事业市场

3. 市场规模

市场规模又称市场容量。市场规模主要研究目标产品或行业的整体规模，具体包括目标产品或行业在指定时间的产量、产值等。通过市场规模分析，可以准确地描述市场的产、销、存及进出口等情况。

市场规模与竞争性直接决定了创业机会的可开发性，一般而言，市场规模大，进入障碍相对较高，市场竞争激烈程度也会略微下降。

市场规模大小要结合市场生命周期来考虑。如果要进入的是一个十分成熟或正在衰退的市场，那么纵然市场规模很大，由于已经不再成长甚至开始衰退，利润空间必然很小，因此这个创业机会应放弃。反之，一个潜在的或正在兴起、成长的市场，通常充满商机，只要进入时机正确，必然会有较大的获利空间。

4. 市场占有率

市场占有率又称市场份额，是指一个企业的销售量（或销售额）在市场同类产品中所占的比重。它直接反映企业所提供的商品和劳务对消费者和用户的满足程度，表明企业的商品在市场上所处的地位，也就是企业对市场的控制能力。市场份额越高，企业经营、竞争能力越强。在创业初期就应确立市场占有率目标，从而确定未来的发展方向。

一般而言，要成为某一市场的引领者，需要拥有20%以上的市场占有率。如果低于5%的市场占有率，则市场竞争力不高，小型初创企业的市场占有率往往低于5%。市场占有率就是生存率，创业要想同大型创业组织竞争，提高生存率，只有以不同于大型创业组织的方式经营，从强者手中抢食。

5. 市场渗透力

新产品逐渐占领市场的速度，称为市场渗透力，也可以直接理解为用户渗透率，它是多年形成的结果。市场渗透力意味着新产品被消费者接受的速度和程度。因此，对于有形的商品，考察市场渗透力，不仅要在被调查的对象中，看一个品牌（或者品类）的产品使用者的比例，还要看这个比例增加的速度。要注意市场渗透力与市场占有率的区别。

对于一个具有巨大潜力的创业机会，市场渗透力是一项非常重要的影响因素。聪明的创业家会选择在市场需求正在或将要大幅成长之际进入市场，在这时，如果产品足够吸引顾客，市场渗透力一定会比较强。

6. 产品生命周期和成本结构

（1）产品的生命周期

产品生命周期是指产品的市场寿命。产品生命周期分为进入期、成长期、成熟期和衰退期四个阶段。

对于创业者来说，选择了一个项目，当然希望能够有比较长时间的经营，获得收益，为此，创业者还需要知道所选项目处在哪一生命周期，最好处在进入期和成长期，这样，产品生命期长，市场竞争性不强，有利于初创企业的发展。

（2）成本结构

成本结构亦称成本构成，是指成本中各项费用占总成本的比重。成本结构可以反映产品的生产特点，有的大量耗用材料，有的大量耗费人工，有的大量耗费劳动力，有的大量占用设备引起折旧费用上升，有的变动成本高，有的固定成本高。成本结构在很大程度上还受技术发展、生产类型和生产规模的影响。

分析成本结构有三方面作用。一是通过总成本占销售收入的比例，帮助创业者弄清实现100元钱（或者1元钱）的销售收入需要投入的成本费用，以此判断创业机会的获利空间。二是通过分析成本中各项费用占总成本的比重，帮助创业者弄清楚，在创业项目中，哪部分钱花得多，哪部分钱花得少，成本是否还有降低的可能。三是通过前两项分析，帮助创业者弄清楚，自己的创业项目的成本与竞争对手相比，是否具有优势。

如果创业者拥有专利技术，就拥有绝对成本优势，因为专利技术垄断了工艺技术或产业标准，专利保护的经济性壁垒限制了其他竞争者取得最新技术的机会，与其他竞争者相比，拥有专利的创业者在市场上就有竞争优势。但创业者要考虑专利保护的有效性，一般专利保护的经济性壁垒是通过新技术被仿制的成本来衡量的，专利技术的绝对优势可用仿制所需要的时间来表示。美国经济学家曼斯费尔德在1981年考察了由48种产品构成的创新的样本，发现仿制成本大约是原来创新成本的2/3，有60%的专利产品需要4年左右才被仿制出来。

（二）经济效益评估

1. 税后净利润率

税后净利润率又称销售净利率，是净利润与销售收入（或营业收入）的百分比，用公

式表示为

税后净利润率＝（净利润/销售收入）×100%

这是创业者最为关心的一项指标。税后净利润率越大，创业机会的获利空间就越大，反之，获利空间就越小。税后净利润率，直接关系到可供分配的利润，直接关系到创业投资收益水平。

一般而言，具有吸引力的创业机会，至少需要能够创造15%以上的税后净利润率。如果创业预期的税后净利润率在5%以下，那么就不是一个好的投资机会。

2. 达到盈亏平衡点所需的时间

盈亏平衡点（BEP）又称损益平衡点、保本点，通俗地讲，盈亏平衡点就是指利润等于零时对应的产（销）量数值。产（销）量如超过盈亏平衡点即盈利，产（销）量如低于损益平衡点即亏损。

盈亏平衡分析就是利用创业投资项目生产中的产（销）量、成本、利润之间的关系，通过测算项目达到正常生产能力后的盈亏平衡点，来考察分析项目承担风险能力的一种不确定分析方法。目的是找出盈亏平衡点，来判断这一点对应的各种不确定因素（如投资、成本、销售量、产品价格、项目生命期等）对投资方案的经济效果的影响，判断投资方案对风险的承受能力，为创业者投资决策提供依据。盈亏平衡分析直接影响投资方案的取舍。

计算达到盈亏平衡点所需的时间，首先要计算出盈亏平衡点的产销量，然后判断创业项目达到该平衡点所需时间。盈亏平衡点的产（销）量大，达到盈亏平衡点所需的时间长，反之则短。一般来说，达到盈亏平衡点合理的时间应该在两年以内，如果三年还达不到，就不是一个值得投入的创业机会。不过有的创业机会确实需要经过比较长的耕耘，通过这些前期投入，创造进入障碍，保证后期的持续获利，在这种情况下，可以将前期投入视为投资。

一般说来，销售收入=成本+利润，如果利润为零，则有销售收入=成本=固定成本+变动成本，而销售收入=销售量×价格，变动成本=单位变动成本×销售量，这样由销售量×价格=固定成本+单位变动成本×销售量，可以推导出亏平衡点的计算公式：

盈亏平衡点产（销）量=固定成本/（单位产品价格-单位变动成本）

=固定成本/边际贡献

或

盈亏平衡点销售额=固定成本/（1-变动成本/销售收入）=固定成本/（1-变动成本率）

在此公式中，固定成本是指成本总额在一定时期和一定业务量范围内，不受业务量增减变动影响而保持不变的成本。固定成本包括厂房和机器设备的折旧、财产税、房屋租金、水电费、维护费、保险费、办公费、税费、利息、管理人员的工资、开办费等约束性固定成本和新产品开发费、广告费、职工培训费等非约束性固定成本。变动成本是指成本总额在一定时期随着业务量的变动而呈线性变化的成本。变动成本包括直接人工费、直接材料费。

许多初创企业的经营成本是固定的，盈亏平衡点可以通过假定所有的经营成本为固定成本，通过使用每单位的毛利润来计算。计算公式如下：

盈亏平衡点销售量=各种经营成本/单位毛利润

盈亏平衡点销售额=盈亏平衡点销售量×单位价格=各种经营成本/毛利润率

3. 投资回报率

投资回报率是指投产期正常年利润或年均利润占投资总额的百分比，它是指创业者通过投资而应返回的价值，是从一项投资性商业活动中得到的回报。公式：

投资回报率=（年利润或年均利润/投资总额）×100%

考虑到创业可能面临的各项风险，合理的投资回报率应该在25%以上。一般而言，若创业机会只有15%以下的投资回报率，是不值得考虑的。

4. 资本需求

创业机会开发初期资金需求不是很大，对运营资金也要求不多。初创企业对资金的需求量是逐步增加的，事实上，许多个案显示，资本额过高实并不利于创业成功，有时还会带来稀释投资回报率的负面效果。通常，知识密集的创业机会，对资金的需求量越低，投资回报反而会越高。因此在创业初期，不要募集太多资金，最好能通过盈余积累的方式创造资金。而比较低的资本额，有利于提高每股盈余，并且可以进一步提高未来上市的价格。

5. 毛利率

毛利率又称销售毛利率，是毛利与销售收入（或营业收入）的百分比，毛利是收入和与收入相对应的成本之间的差额，用公式表示为

毛利率=（毛利/销售收入）×100%=[（销售收入−销售成本）/销售收入]×100%

毛利率反映了生产环节的效益，被广泛用来计算企业的获利能力。较高的毛利率预示着创业机会获得较多利润，反之，最终获得的利润就小，甚至无利可得。

对于工商企业，毛利率的大小，取决于两个因素：一是数量因素，即销售数量；另一个是质量因素，即单位毛利。用公式表示为

毛利总额=销售量×单位毛利=销售量×（单位售价−单位成本价）

毛利率高的创业机会，相对风险较低，也比较容易取得盈亏平衡。反之，毛利率低的创业机会，风险则较高，遇到决策失误或市场产生较大变化时，企业很容易遭受损失。一般而言，理想的毛利率是40%。当毛利率低于20%的时候，这个创业机会就不值得考虑。软件业的毛利率通常较高，所以只要能找到足够的业务量，从事软件创业在财务上遭受严重损失的风险相对会比较低。

6. 现金流量

现金流量是指企业在一定会计期间内按照现金收付实现制，通过一定经济活动（包括经营活动、投资活动、筹资活动和非经常性项目）而产生的现金流入、现金流出及其差量情况的总称。

现金流量中的现金，不是我们通常所理解的手持现金，而是指企业的库存现金和银行存款，也包括现金等价物，即企业持有的期限短、流动性强、替换为已知金额现金、价值变动风险很小的投资等。

现金流量之于企业，如同血液之于人体。在现代企业的发展过程中，决定企业兴衰存亡的是现金流量。现金流量按其来源主要分为三类：经营活动产生的现金流量、投资活动产生的现金流量和筹资活动产生的现金流量。企业在销售商品、提供劳务或向银行借款的过程中都能形成现金流入，而企业为了生存、发展，必定会发生购买原材料、支付工资、购建固定资产、偿还到期债务等日常经营活动，而导致企业现金的流出。如果企业没有足够的现金流量来面对这些业务的支出，就难免会引发财务危机甚至破产。因此，拥有正常的现金流量是企业持续经营的前提。一般来说，良好的现金流量，应占到销售额的20%甚至30%。

二、创业机会的识别

（一）创业机会的识别思路

关于创业机会的识别，目前学术研究中主要存在三种思路：存在思路、结构思路和构造思路，这三种思路都阐述了创业机会的发现和利用问题。在不同思路下，创业机会观点各有差异。

1. 存在思路

以柯兹纳为代表的现代奥地利学派认为，市场上存在客观的创业机会，创业机会是由追逐利润的企业家在市场非均衡状态下凭借其敏锐素质而发现的，企业家对机会的发现使市场过程由非均衡趋向于均衡。首先，现实市场经常处于非均衡状态，为创业机会的存在提供了客观基础；其次，市场参与者在判断和决策上的个体差异为创业机会的存在提供了主观基础。

柯兹纳认为发现创业机会介于两种状态之间：一是通过纯粹的偶然机会意外获得；二是通过不断搜索发现市场中的对象所隐含的内在信息。不确定的非均衡市场环境中存在机会，具有胆识、想象力和异质性知识的企业家拥有独特的敏锐眼光，易于发现这些机会，之后，他们或是通过扩大生产供应，或是通过套利活动等，让资源得到更好的配置。企业家和普通人一样，都是在自由的、不确定的世界中进行活动，不同的是，企业家总是自发地关注他人忽略的环境特征。

存在思路认为，由于整个市场很难达到理想的均衡状态，所以一定存在创业机会，但只有那些具有对信息和机会敏感的创业者才可能识别这些创业机会。总之，存在思路强调个体与客观创业机会间的匹配，如果匹配，个体就能发现和利用这些创业机会，成为创业者。

2. 结构思路

结构思路以网络研究中的结构空洞理论为基础，认为创业机会由个体或组织间的特定关系结构而产生。特定关系网络中的特定个体或组织，相对于其他个体或组织而言，在关系结构中具有信息和控制优势，可能拥有创业机会。

结构思路主张创业个体或组织嵌入社会网络结构中，如果社会网络结构存在结构空洞，就会产生创业机会。根据美国学者罗纳德·博特、大卫·克拉克哈特的观点，假设有一个个体A，与另外两个人或者组织B和C存在工作关系，B和C不连接比B和C连接对A更有利。B和C不连接意味着在B和C之间存在着结构空洞，这个结构空洞能增强A的职位权力或谈判力。这种结构优势有这样几个基础：第一，对介于其间的A而言，有更多的信息可利用，而信息蕴含着价值和权力，继而形成了A的优势；第二，对介于其间的A而言，存在控制机会，在存在结构空洞的情况下，中间人A通过谈判可以使B和C处在竞争地位，从而加强自己的强势地位；第三，对于介于其间的A而言，存在将信息优势和控制优势结合起来的潜在优势，由于A是中间人，信息充分，A可以以中间人的身份为B与C提供需要的资源，并从中获取利润。在结构空洞下，A与B、C的关系越强，就拥有愈多的创业机会。

结构思路强调创业机会的产生源于个人或组织间的关系结构，结构空洞造就创业机会，而中间人的意愿、谈判能力、运作能力、信息获取能力是寻求创业机会的重要条件。

3. 构造思路

构造思路以构造理论为基础，认为创业机会不是独立存在的，而是人们在与环境的互动中创造或者构建的，并将创业机会界定为一种人们创新创造的状态，即一种通过新目的、新手段形成的能够引入新商品、新服务、新市场和新组织方式的状态。可见，构造思路强调创业机会是人们创造的一种状态，这种状态可以体现为一种环境条件。因此，有的学者认为创业机会是一系列的环境条件，这种环境条件导致创业者或创业团队通过现存条件，将一种或更多种新产品或服务引入市场。

根据构造理论，人类与社会结构是互动的。人们既促成结构，也受所促成结构的限制，结构是人们先前行为的结果，也被人们的行为继续推动。创业者既创造创业机会，也被创业机会所塑造。

（二）创业机会的识别方法

创业机会的识别方法大致可归纳为五种。

1. 着眼于问题识别创业机会

寻找创业机会的一个重要途径是善于发现和体会自己和他人在需求方面的问题或生活中的难处。需求方面的问题就是创业机会，许多成功的企业都是从问题起步的，顾客需求在没有满足之前就是问题，而设法满足这一需求，就抓住了市场机会。美国"牛仔大王"李维斯的故事多年来为人们津津乐道，19世纪50年代，李维斯像许多年轻人一样，带着发财梦前往美国西部淘金，途中一条大河拦住了去路，李维斯设法租船，做起了摆渡生意，结果赚了不少钱。在矿场，李维斯发现由于采矿出汗多，饮用水紧张，于是，别人采矿他卖水，又赚了不少。李维斯还发现，由于跪地采矿，许多淘金者裤子的膝盖部分容易磨破，而矿区有很多被人丢掉的帆布帐篷，帆布帐篷非常结实，不易磨破，他就把这些旧帐篷收集起来洗干净，做成裤子销售，"牛仔裤"就这样诞生了。李维斯将问题当作机会，最终实现了他的梦想。因为有各种各样的问题，才有各种创业机会。问题永远存在，旧的问题解决了，新的问题又会出现，因此，创业永远存在机会。

2. 利用变化识别创业机会

变化的市场环境常常蕴藏着无限创业机会。创业机会大都产生于不断变化的环境，市场环境变化了，市场需求、市场结构必然发生变化。市场环境变化主要来自国家宏观政策调整，国家宏观政策调整会影响产业结构、消费结构、城市化进程、人口结构、居民收入水平和经济全球化趋势等方面。比如，居民收入水平提高，私人轿车的拥有量将不断增加，这就会派生出汽车销售、修理、配件、清洁、装潢、二手车交易、代驾等创业机会。又比如随着健康知识的普及，人们树立了健康生活的理念，围绕"水健康"带来了创业机会。彼得·德鲁克将创业者定义为"能寻找变化，并积极反应，把它当作机会充分利用起来的人"。创业者要善于凭借自己敏锐的眼光去识别并利用创业机会。

3.通过技术创新识别创业机会

技术创新提供了新产品、新服务,能更好地满足顾客需求,同时也带来了创业机会。比如,随着电脑的诞生,电脑维修、软件开发、电脑培训、图文制作、信息服务、电子游戏、网上开店等创业机会随之而来。任何产品或服务都有生命周期,会不断趋于饱和、达到成熟,直至走向衰退,最终被新产品或新服务所替代,创业者如果能通过技术创新跟踪产品或服务替代的步伐,就能够不断识别新的发展机会。

4.在市场竞争中识别创业机会

竞争对手的缺陷和不足,也将成为创业机会。如果能比竞争对手更快、更可靠地提供产品或服务,就找到了创业机会。因此,创业者要跟踪、分析和评价竞争对手的产品和服务,找出现有产品或服务的缺陷和不足,有针对性地改进生产方法,形成新的创意。

5.通过传媒、社会关系网等途径识别创业机会

当今,电视、广播、报纸、杂志和网络渠道都有各类创业项目的广告宣传,特别是招商加盟的广告宣传。要强调的是,一个成功的项目,它的原型必须是成功的,对这些广告宣传的项目,要认真对原型进行考察,切实从中找到好的创业机会,千万不可被虚假广告宣传欺骗。个人社会关系网的深度和广度影响着创业机会的识别,在通常情况下,拥有很多社会关系的人比拥有少量社会关系的人容易得到创业机会,很多成功的创业者,都是在社会关系网的作用下识别和确定创业项目的。

(三)创业机会的识别过程

1.创业机会识别的基本条件

面对具有相同期望值的创业机会,并非所有的创业者都能识别和把握。成功的创业机会识别是创业愿望、创业素质和能力等因素综合作用的结果。

①创业愿望是创业机会识别的前提。许多很好的创业机会并不是突然出现的,需要有创业愿望的人去寻找、发现。创业愿望是创业的原动力,推动创业者去识别创业机会。没有创业意愿,再好的创业机会也会视而不见或失之交臂。

②创业素质和能力是创业机会识别的基础。识别创业机会在很大程度上取决于创业者的创业素质和能力,这一点在《当代中国社会流动报告》中得到了部分佐证。报告通过对1993年以后私营企业主阶层变迁的分析发现,私营企业主的社会来源越来越以各领域精英为主,经济精英的转化尤为明显,而普通百姓转化为私营企业主的比例较少。

2．创业机会的识别过程

创业机会的识别过程分为创业机会的来源、识别发现创业机会、创业机会评估、决定开发创业机会四个步骤。

（1）创业机会的来源

创业机会往往来源于满足顾客需求、变化的市场环境、创造发明以及更加激烈的市场竞争等方面。

①创业的根本目的是满足顾客需求，寻找创业机会的一个重要途径是善于发现和体会自己和他人在需求方面的问题或生活中的难处。

②创业机会也会产生于不断变化的市场环境中，环境变化了，市场需求、市场结构必然发生变化。这种变化主要来自产业结构变动、消费结构升级、城市化加速、人口思想观念变化、政府政策变化、人口结构变化、居民收入水平提高、全球化趋势等方面。

③创造发明提供了新产品、新服务，更好地满足顾客需求，同时也带来了创业机会。

④在激烈的市场竞争中，如果能弥补竞争对手的缺陷和不足，也将成为创业机会。

（2）识别发现创业机会

影响创业机会的识别有两个关键因素。

①创业者素质与能力。与创业机会识别相关的创业素质主要是知识和从业经验。创业者所拥有的知识很大程度上影响他对创业机会的识别。俗话说"外行看热闹，内行看门道"，只有具有广博知识和丰富从业经验的创业者才能准确地识别出创业机会，所以拥有相关行业的专业知识和从业经验是很多投资者考察创业者的重要指标。创业者除了具备相关知识和经验以外，还要具备与创业机会识别相关的能力，主要有信息获取能力、洞察能力、技术发展趋势预测能力、模仿与创新能力等。机会识别的能力首先要受洞察能力的限制，敏锐的洞察能力使企业家能看到别人看不到的机会。

②社会关系网。社会关系网是对创业机会的识别产生重要影响的一个因素，因为它为创业者提供了获得信息、资源和其他支持的渠道。创业者拥有的信息资源对创业机会识别有重要作用，社会关系网中的个体，比如朋友、熟人、同事、顾客、家庭等都是创业机会的重要来源。社会关系网会增强创业者对创业机会的警觉性，有时可通过社会关系网中的人找到创业机会。

（3）创业机会评估

创业机会经评估，可能产生三种结果：第一种，由于各种条件的限制而忽略这个机会；第二种，创业者不拘泥于该创业机会，采用别的方式满足该市场需求；第三种，决定对该创业机会进行开发。创业机会评估也受到一些因素的影响，这些因素决定了创业机会能否最终被开发利用。影响创业机会评估的关键因素有三个。

①创业者的价值观。需求越符合创业者的个人价值观，就越能被创业者认可。社会责任感是创业者创业的深层次动机。创业者通常是通过预告开发创业机会所产生的社会价值来评估创业价值的。

②创业资源。创业者可获得的资源在他们做出是否创业的决定的过程中起着重要作用。创业者拥有的资源规模、资源的来源会影响他们对创业机会的评估。

③创业环境。创业环境是机会识别的关键。创业环境是创业过程中多种因素的组合，包括政策法规、经济、社会、自然等环境。一般来说，如果社会有浓厚的创业氛围，国家对个人财富创造比较推崇，有各种渠道的金融支持和完善的创业服务体系，有公平、公正的市场竞争环境，就会有更多的人创业。

（4）决定开发创业机会

虽然创业机会识别对创业起着举足轻重的作用，但这是不够的。在发现创业机会后，潜在的创业者会去开发机会。开发方式可以选择创建新企业，也可以将机会出售给别的企业，通常情况下，多数创业活动是通过创建新企业而发生的。如果创业者不对创业机会进行开发，就无法认定创业者识别出了创业机会。

第二节　大学生创业风险与防控

大学生自主创业既是学生就业的选择，又是万众创业的新尝试。但创业并不是一蹴而就的，各项实践都会影响创业的成功。基于此，本节将重点分析高校大学生创业风险与防控。

一、大学生创业面临的风险类型

（一）法律风险

1. 企业合同法律风险

合同是企业开展经营活动无法避开的法律文书，在其订立、生效、履行、变更和转让、终止及违约责任的确定过程中，都可能存在无法执行的风险，尤其对创业初期的企业影响更为明显，会造成一定的利益损失。

2. 知识产权法律风险

国家对知识产权的重视程度越来越高，但不少大学生在创业中因未能做好知识产权保护工作，导致自己的创意、产品、设计等被人抄袭，或者在使用别人作品的时候没有做好相关的知识产权工作，导致出现知识产权法律风险，轻则影响业务开展，重则影响企业生存。

3. 盲目提供担保产生的法律风险

由于大学生进入社会时间较短，对人缺乏警惕性，轻易给人提供担保，在对方无法还债的情况下，自己需要承担相应的连带责任，使企业的信誉、资金等方面受损，影响了企业的发展和生存。

4. 劳务纠纷类法律风险

在企业管理过程中，与员工发生劳务纠纷也在所难免，在人员招聘的整个过程，如招聘、录用、劳动合同的签订、员工收入、福利、解聘等都会涉及相关的法律，如果不能充分利用法律保护好双方的权益，就会带来劳务纠纷，对企业的名誉和经济权益都会造成影响。

（二）财务风险

财务风险是指由于各种难以预料或控制的因素影响而导致企业蒙受经济损失的可能性。作为尚在读书的大学生，企业资金投入就是面临的第一大风险。此外，资金周转、利润收益等也是重要的风险来源。大学生创业面临的财务风险有其自身特点。一是资金来源具有单一性和薄弱性。主要靠家长资助或熟人帮扶，融资难且后续融资更难。二是资金使用缺乏规划性和合理性。资金使用时容易导致资金无法周转或链条断裂等风险。三是资金归属问题和管理问题存在矛盾性。大学生合作创业时多为熟人关系，不分你我，容易导致后期运营时出资人之间、管理者之间以及出资人和管理者之间出现职责和权利不清等问题。

另外，资金是保障企业正常运行的基础。大学生创业时大多没有太多的财务知识，对企业可能遇到的资金需求没有直观的感受。对于初创的企业而言，很多大学生创业者只计算了企业发展顺利情况下的资金需求，而缺乏对企业出现收入低于预期、计划外支出增加等风险的预判，这些风险对企业的发展产生致命的威胁，通过对失败的创业案例进行分析，发现大多失败的创业企业都是由于资金链紧张，而导致企业破产或影响企业规模的扩大。在创业的过程中，大学生创业者需要充分考虑资金的来源，建立相对稳定的银行贷款、民间融资等渠道，利用外来的风险投资、政府的创业补贴等留足备用资金，充分考虑到资金的流动情况，控制好发展规模，杜绝短期内的大规模扩张，采取各种可预见的方式，减少创业的资金风险。

（三）管理风险

大学生创业者有创业的冲劲以及知识、技术的优势，但在企业的管理、人力资源的配置、人员的沟通等方面普遍存在管理能力不足的问题，如果想创业成功，大学生不仅在资金、技术等方面需要做好准备，在经营管理方面也需要具备一定的技能。在大学期间就可以通过一些社团活动、社会兼职、虚拟开店等方式，锻炼管理才能，有意识地培养领导力和处理人际关系的能力。在大学生创业的过程中，在管理方面可能出现决策失误、沟通不畅、用人不当、经验不足等各种状况，很多情况都会影响企业的发展和成长，加之大学生创业者在资金、管理意识等方面存在问题，如对人员的管理方面，由于企业较小，多以人情去管理，当企业规模扩大后，就会出现各种管理的漏洞。

（四）项目风险

创业项目作为创业行为的起点，与洞察市场环境密不可分。大学生进行项目选择时往往凭兴趣或爱好，或跟风、盲从热门行业，或选择与自己专业相关的项目。虽然有些项目在技术上有一定创新性，但由于创业者缺乏市场意识和判断，存在"想当然"的思想，可能一开始就出现了偏差。加上他们对市场的瞬息万变和行业发展变化缺乏把控和分析能力，一旦产品或服务在市场上出现难以推销的情况，创业就容易陷入运营困境和僵局。项目的定位往往影响创业的方向和走势，并且在运营过程中方向调整困难且成本较大，成为影响大学生创业成败的重要因素。

（五）市场风险

市场是大学生创业的容器和大环境。创业环境复杂多元、瞬息万变。从宏观来看，创业涉及社会、自然、政治、经济、人文等各种因素，"天时地利人和"缺一不可。这些因素中同时包含着影响创业项目选择和结果的众多变量和要素，它们相互作用并不断变化，难以全面准确把握。从微观来看，企业创建和运营的市场环境和行业因素在时间轴上呈现发展性和变化性，具有动态性特点，供求关系在市场规律作用下随时发生变化。身在象牙塔中学习和生活的大学生，没有经历过社会大风大浪和市场变化，对市场和客户需求存在片面、模糊的认识，对竞争对手缺乏翔实的调研和真实了解，往往盲目自信，在创业过程中具有极大风险性。

（六）团队风险

团队是一种为了实现某一目标而由互相协调依赖并共同承担责任的个体所组成的正式群体。团队成员需要协作、互补、分享和承担。大学生创业面临团队风险，主要原因在于大学生创业启动时团队成员选择的随意性和团队管理的"无规则性"。他们在创业时往往偏好将身边有意向创业或者关系较好的同学、朋友拉入创业团队。团队内部容易出现组织结构不合理、个人利益和企业目标不一致、管理者权威不足、管理制度不健全、成员分工不清晰、职责不明确、利益分配不均等问题，因而很容易造成团队内部决策矛盾、执行矛盾及利益矛盾，使企业面临团队解散的问题甚至间接导致企业破产。

二、大学生创业风险的原因分析

（一）大学生创业意志和创业耐挫力有待提高

创业是一个长期的艰苦过程，需要创业者有坚强的意志和耐挫力。创业耐挫力指的是创业者面对创业挫折时所表现出的坚韧、乐观等积极的心理状态，以及在创业失败时能攻坚克难，消除创业受挫所产生的消极影响的能力。创业意志和创业耐受力是影响创业者创业是否成功的重要心理特征。然而，大学生创业者中的一些个体往往表现出如下特征：创业过程中独立性较差，没有主见，在创业过程中容易动摇；创业过程中缺乏信心，易于改变创业目标或方向；创业中面临各种选择时优柔寡断，对自身情绪的控制力不够；遇到挫折时容易意志消沉，采取消极应对策略。

（二）大学生创业融资难

缺乏启动资金、融资困难是大学生创业过程中首先遇到的问题。网络创业项目的启动资金往往较高，是大学生本身无法承担的。大学生创业的资金主要依赖于融资，而融资的渠道主要有亲朋好友筹资、团队成员筹资、银行贷款和风险投资。大部分大学生创业项目很难获得银行贷款和风险投资。亲朋好友或团队成员筹资往往筹集的资金较少，不能达到创业启动资金的要求。因此，部分大学生创业者选择通过网络信贷平台的小额信用贷款来筹集创业资金。然而这种贷款一方面实际贷款利率较高，贷款金额较少；另一方面存在各种政策风险和操作风险。当企业创办成功后，企业运作的每时每刻都需要资金运作，融资渠道不畅容易导致创业失败。

（三）大学生经验不足，创业项目缺乏市场考量

由于大学生创业者所具备的创业知识大多来自大学课程，理论性较强，而实践经验

不足。大学生创业所选择的项目往往基于自己的兴趣爱好。而大学生创业者往往对这些项目的可行性缺乏相对应的市场调查分析，或者只是进行了简单的市场调查，缺乏对创业项目的实时性、地域性、竞争性等方面的深入分析。在没有确切清楚市场需求的情况下盲目进行创业，导致创业项目缺乏市场性。此外，在新形势下很多大学生的创业项目来源于网络平台或社交媒体。比如，有的大学生创业钟情于"网红项目"，而这些"网红项目"往往通过直播或短视频的方式开展，涉猎的内容虽然多种多样，但项目的内容依旧同质化严重。同质化的创业项目往往缺乏市场。

（四）大学生创业能力不足

一般来说，大学生由于缺乏实际工作经验，在创业过程中缺少相对应的实践能力，特别是缺乏对企业的经营和管理能力。比如，大部分大学生在创业时缺乏领导团队的能力，缺乏管理和激励员工的能力，缺乏开拓市场的能力，缺乏企业经营过程中对相关产品、营销、品牌、财务、客户进行管理的能力。而这些能力的缺失往往导致企业经营的困难，甚至失败。

三、大学生创业风险的防范路径

下面主要通过法律风险、财务风险、项目风险三种常见的大学生创业风险的防范路径展开论述。

（一）法律风险

1.法律风险发生的原因

大学生在创业的过程中，之所以会遇到法律风险问题，归根结底是因为其自身缺乏一定的法律风险防范意识。大部分学生在进行创业的过程当中，并没有花太多精力去了解创业相关的法律法规，因此，很容易因为合同违约纠纷或者是合同诈骗等情况造成损失。

大学生在大学期间所接受的法律法规教育直接影响到大学生在面对创业风险时是否可以积极应对。大学生创业法律风险的形成原因可以分为两个部分：一部分是外在因素，即社会中的诱惑以及校园内的法律法规教学欠缺，另外一个部分则是学生自身的法律意识薄弱。许多创业教师在进行教学的过程当中，并没有对与创业有关的法律法规进行充分的了解，进而导致创业课的教学内容很难真正满足大学生的学习需求。这也就要求大学生在进行创业的过程中，应当提升自身的法律防范意识，并且学会利用法律武器，积极维护自身的合法权益。

2.法律风险防范途径

（1）政府层面

①完善大学生创业保障体系。想要从根本上提高大学生创业成功率，就需要对大学生创业保障体系进行完善。在当今社会中已经形成了一定的保障大学生创业的体系，但这些体系并不能满足大学生日益增长的创业需求，这就需要有关部门在明确大学生创业权利与义务的过程当中，积极完善对于大学生创业法律的保障体系。各地政府与大学生创业者之间应当构建起良好的沟通桥梁，在确保大学生创业合法性的基础上对大学生创业保障体系进行完善。社会上的创业园区以及孵化园区等为大学生提供的创业基地，可以在为学生提供大量社会实践机会的同时，定期举办商业洽谈会对大学生创业进行正确指导。

②营造法律化的创业环境。大学生创业失败归根结底是由于社会中的创业环境法律性不足，在经济法视域下加大大学生创业法律风险防范力度，应当尽可能地营造法律化的创业环境，进而提高大学生创业成功率。在营造法律化创业环境过程中，可以在大学生创业组织当中构建一定的互动沟通群，引导大学生在这样的平台内对自身遇到的困难，相互交流，找到克服困难的最佳方法。

大部分大学生在创业初期的企业规模较小，同时拥有较少的资金，因此社会上的相关机构可以针对大学生创办的小型企业以及微型企业实行一定的税收优惠政策，并且可以为这些大学生创业者提供专业的税务服务，尽可能地降低大学生在创业过程中的创业成本以及资金成本，给予大学生充分的资金支持。同时，相关政府部门应当为大学生提供法律服务。

（2）高校层面

①加强对大学生的法律普及。各大院校要加大对大学生的法律普及力度，完善大学生法律教育课程体系，在对大学生创业指导的过程中，引导大学生树立正确的法律观念。在完善大学生法律教育课程体系中，应当为大学生选择针对性极强并且具有一定的合理性的课程，并且将所设置的法律教育课程作为大学生的必修课，同时应当增加创业教育以及法律教育课程的学分占比，以此提高大学生的重视程度。在培养大学生法律意识的过程中，应当充分加强大学生的实践能力培养，教师可以创设一定的教学活动来加大学生对知识的掌握力度。在对学生进行教学的过程中，教师可以围绕我国《合伙企业法》《个人独资企业法》以及《劳动合作法》等对大学生展开法律教学，尽可能地帮助大学生规避在创业过程中可能遇到的法律风险。除此之外，教师应当学会根据不同的法律内容，对学生进行差异化讲解，尽可能地为大学生打下良好的法律基础，从而降低大学生在创业过程中遇到的风险。

②构建专业的创业法律风险教学团队。构建专业的创业法律风险防范教学团队是提高大学生创业成功率的根本途径，这就需要各大院校在招聘创业教师的过程中，选择综合素质较高并且对相关法律有一定了解的应聘者。在传统的教学模式中，教师往往是根据其他学科的教学经验展开创业教学，但创业教学的根本目的是培养学生的创业意识，进而增强学生的风险防范意识。许多教师认为，对于学生讲创业风险教学属于"无中生有"，所以在教学的时候没有将全部精力投入教学工作中。因此，各大院校应当建立较为完善的创业法律风险防范教学团队，在教师招聘之初就应当招聘专业素质以及实践能力较强的教师。

③完善创业风险教学评价体系。教学评价体系不仅针对教师，同时也应当针对学生。在传统的创业风险防范教学考核当中，对于学生最终的考核方式仅仅是通过试卷进行考核，这种考核方式过于单一，无法充分了解学生对于创业风险防范教学的掌握程度。在完善创业风险教学学生评价体系的过程中，应当适当完善学生考核方式，可以根据相关的创业风险教学内容，为学生设置一定的创业情境，并由学生在情境中完成作答。这样可以充分考核当学生面临创业风险时的应对方式，可以在加强考试严谨性的同时，增加学生对这门课的重视程度。在完善创业风险教师教学评价体系的过程中，各大院校可以利用互联网技术构建教学评价页面，学生可以在每个学期末通过评价页面对教师的教学水平进行评价。在教师评价体系当中，可以引导学生对教师的教学水平、教学态度以及教学内容进行综合评价，并且可以在页面当中阐述对于教师教学的意见或者是建议。这样不仅可以令院校了解到教师真实的教学水平，还可以从侧面拓宽学生的教学活动参与度，激发学生的学习兴趣。

（3）学生层面

①树立良好的自我法律风险防范意识。大学生要树立良好的法律风险防范意识，在创业过程中，大学生是主体单位，也是创业法律风险防范的主体。所以大学生在这一过程中一定要发挥自身的主观能动性，自觉增强法律意识，将法律法规内化于心，树立正确的创业法律风险观念，在创业实践中遵行相关法律法规，合规合法地开展创业活动。

大学生在创业实践中要时刻注意法律风险及问题的发生。大学生应主动了解与创业活动相关的经济法规，结合创业活动来深入思考，以此来有效识别创业过程中可能遇到的法律风险及问题，并运用法律知识来有效解决法律纠纷，保障创业活动的合法权益。

②熟知与创业相关的法律制度与知识。大学生要在创业过程中不断学习和丰富法律知识，法律知识体系涉及面广泛，牵涉内容较多，所以大学生只有结合创业实践，不断学习经济法知识，熟悉相关法律法规，才能为创业提供行为的依据和利益的保障。

首先，大学生要积极学习法律知识，不仅要了解与创业活动相关的经济方面的法律知识内容，还要熟悉市场经济的法律规制，知法、懂法与守法，要在创业活动中合理约束自身行为，同时利用法律保护好自己的合法权益。

其次，大学生结合身边的创业就业、经营管理、民主纠纷、婚姻财产等法治案例与实务，寻找解决这些事件的法律依据，并着重以创业为出发点，深入了解创业所需要用到的《劳动法》《劳动合同法》《知识产权法》以及《公司法》等专门法在创业过程中的具体要求，模拟创业活动中的法律践行过程，为创业活动打下坚实的法律基础。

③在创业活动中提升法律维权的实践能力。大学生在创业中还要进一步加强关于经济法的实践运用能力，能够有效运用法律武器来解决法律纠纷，应对法律风险，保障自身权益，从而促进创业活动的有效开展。

首先，应完善学校教育与创业实践的结合。高校对当代大学生的创业法律风险防范应当采用更加丰富多彩的实践形式，从多个方面有效增强大学生创业法律风险的防范意识。学校可以举办一些法律事务活动，比如创业法律风险知识竞赛、模拟法庭等活动，让大学生实际参与体验，加深对创业法律知识的理解程度，同时加强自身对创业法律风险的防范意识，并通过实践练习提升其应对创业法律风险的实践能力。

其次，要重点强化创业教育理论与法治实践的结合。只有不断强化创业教育理论与法治实践的有效结合，才能把理论学习充分在创业过程中进行运用。关于创业教育理论与法治实践结合的措施主要涉及以下三个方面：一是大学生要积极主动地自主开展法治实践，利用课余时间，参加社会法律实践，比如去律师事务所实习，或者去法律援助中心锻炼，以此来加深自己对相关法律知识的理解，并提高运用法律知识解决实际问题的能力。二是在生活的各个方面都要学会用法律来维护自身权益，比如买到假冒伪劣商品时，就要运用消费者权益保护法来维护自身权益，再比如自身名誉受到侵犯时，也要勇敢地同不法分子进行斗争。通过长期的法治实践与锻炼，会不断增强大学生对法治实践的认知及运用能力，并能增强创业法律风险防范能力。三是要在生活中不断学习和践行法律。法律内容涉及面广泛，大学生要利用课余时间积极地学习法律知识，并在生活的各个方面自觉遵守法律，践行法律，合规合法地开展创业经济活动，为社会主义法治社会的建设贡献自己的力量。

最后，提升大学生在创业过程中对法律的运用能力。大学生创业者基于自身对经济法知识的深入学习与理解，在创业实践中要不断加强自身用法能力，面对法律纠纷及风险问题时，第一时间要采取相关法律手段来保护自身合法权益，在法律面前不能退缩，也不能逃避，不断培养并提升自己的用法实践能力。结合到创业实践中，大学生创业者要树立法制观念，积极运用创业相关法律知识去解决创业活动中产生的法律纠纷，主动用自己所学的法律知识来维护自己的合法权益，有效保障自身创业活动的有序开展和稳步推进。

（二）财务风险

为降低企业的财务风险，促进财务的健康发展，进而提高大学生创业的成功率，可以采取以下对策。

1. 充分利用政府的创业政策

为了调动大学生创业的积极性，国家及各级政府出台了一系列的优惠政策和激励措施。例如，培训、融资、注册以及税务等，各个方面皆有涉及。然而，对于大学生来说，如何最优化地利用这些优惠政策才是创业是否成功的关键所在。充分利用国家对大学生创业的优惠政策，将其与企业自身结合起来，可以有效减轻企业自身财务负担，将更多的时间、精力集中在产品的研发和服务的改进上。以镇江市政府为例：首先，多方面免征，镇江市政府部门对新兴企业，在注册之日起三年内可以免交注册、执照、管理等各项行政事业性收费；其次，减少营业税、所得税和行政费用的征收，对从事国家非限制或禁止的行业，并且符合小微型企业条件的企业，在征收企业所得税时，可以按减20%的税率征收。这些政策都为初创企业减轻了负担，创业者应充分学习与利用这些政策。

2. 加强企业资金管理、成本管理

①创业人员需要做好资金预算。创业初期，由于企业自身的经营时间不够长，无法完全根据本企业的历史情况做出未来预算，可以参照同行业其他企业的历史情况来制定未来预算。因此，财务人员应该多参考同行业以及同类企业在公司起步阶段的资金使用情况和预算情况，考虑其所在公司发展策略与某一会计期间的预计业务量，制定出可靠的财务预算报表和发展策略。由于大学生缺少实践经验，不能准确地做出未来一年的预算，为避免影响企业目前的经营状况，建议财务部门负责人先从一个季度或半年的预算入手，并结合实际情况调整原始财务预算报表，在不断调整中使其与实际数据相接近。同时，在每个会计期间结束后，财务部门负责人应该及时跟踪、反馈和评估预算完成情况并从中吸取经验教训，为下次财务预算提供可靠经验。

②加强成本管理。如果对成本管理知识欠缺，管理者就不能有效地控制成本在各方面的支出，从而导致收入负增长。初创公司的运营成本主要由采购与销售成本和人工成本构成。采购成本的管理重点在于通过比较工厂或网络等多个采购渠道，清楚地了解每种产品的市场销售价格、原材料进货价格和质量，并从中选出能用最少的钱获取最大利润的产品，以此降低企业的采购成本。在购买材料过程中，还需要严格把控库存量，防止因为囤积过多材料阻碍资金周转，进而产生财务风险。同时，初创企业还需建立严格的账款结算

制度，降低资金的流动性和利息支出的百分比，从而降低资金回收的风险。

3．学习基本的财务知识

企业若想健康地发展，科学地进行筹资、投资、融资和运营等活动是十分必要的，但这些都离不开基础的财务管理知识。虽然创业团队中可能有相关专业的学生，但只是少数并且缺乏实际操作经验。所以，聘请管理经验丰富的财务人员就显得尤为重要。然而，在创业初期大学生创业者资金格外紧张的情况下，这一举措似乎是纸上谈兵。所以，了解基本的财务管理知识对管理者或财务负责人来说都是极有必要的。

（三）项目风险

针对大学生创业活动中定位不清、盲目加入、过于理想化引起的项目风险问题，大学生群体在创业活动中要进行深入的市场研究和调查，对创业项目进行科学定位。

①大学生要结合自己的专业优势和兴趣爱好对市场情况进行研究，选择创业的领域和方向。在确定方向的过程中，大学生要对行业特点和消费人群进行调查，如果发现市场饱和度太高，就要及时停止，避免盲目扎堆造成同质化现象。

②要对产品进行合理定位，本着差异化竞争的原则，突出自己的品牌优势和产品特点。比较有名的创业例子就是凡客诚品，这一品牌主要的目标受众是时尚青年男女，商品价格低廉，质量中等，其从创立以来就结合了豆瓣、大众点评等网络软件，突出了品牌特性。只有具备清晰的创业方向和产品定位，才能获得目标受众的资金支持。大学生普遍生活在高校象牙塔，还没有感受到社会真实生活的节奏和压力，建议大学生创业群体走出校园参与社会实践，对目标客户的群体需求进行深入查访。

第三节　大学生创业危机管理

危机管理是公司为了预防、转化危机而采取的一系列维护公司生产经营的正常进行，使公司摆脱逆境、避免或减少公司财产损失，将危机化解为机遇的一种公司管理的积极主动行为。危机本身既包含了导致失败的根源，又蕴藏着成功的种子。实际上，公司发生危机是公司面临危险与机遇的分水岭。危机是一种挑战，是对公司管理者领导能力和管理素质的考验和挑战。出色的公司管理者可以使濒临绝境的公司转危为安，从危机中找到商机。

一、危机预防

商海行船，不可能一帆风顺，或有惊涛骇浪，或遇暗礁险滩。这就要求公司一方面要建立危机防范系统以降低危机的发生概率，居安思危，在公司顺利发展阶段，找出隐性危机，树立危机意识；另一方面，要建立危机管理系统，在公司面临危机时，及时找出危机发生的原因和提出可行的处理方法，从而减少危机发生时所带来的破坏和损失，有助于危机防范策略的实施和改进。危机管理的功夫不在处理，而在预防，正所谓防患于未然。事实上，几乎所有的公司危机都是可以通过预防来化解的。一般来说，危机事件的发生多半与公司自身的行为过失有关，或是因为违反法令，或是因为不解民情，或是因为管理失当，或是因为产品、服务质量缺陷所致。当然，其中也有因政府行政过失，媒介妄言轻信，或消费者贪婪鲁莽而起，但多数还是根在公司，责在自身。正因为如此，公司才能通过预防措施，减少甚至杜绝危机事件的发生。

（一）增强危机意识，加强危机管理

增强危机意识、加强危机管理业已成为公司界的共识。一方面各级政府对危及公众利益事件惩治力度加大，公众维权意识以及媒体传播力度和广度空前提高；另一方面大部分公司虽然危机意识有所提高，但还是对危机缺乏系统的管理机制，预警不到位、不及时，危机管理缺乏经验，特别是缺少训练有素的危机管理人员。公司任何行为都是通过人的行为来实现的，因而对公司员工进行危机管理教育和培训就显得十分重要。而危机管理教育首先在于增强危机意识，让全体员工都明白危机管理的重要性和必要性，提高员工对危机事件发生的警惕性。其次，在于加强危机管理，包括培训员工的生产和服务技能，保证公司产品和服务的质量，减少公司自身错失的机会。最后，是培养员工合作与奉献的精神。即与同事合作，减少内部管理摩擦；与政府合作，减少公司违法违规的机会；与商业伙伴合作，减少与伙伴的争执与纠纷；与消费者合作，减少消费者对公司产品或服务的不满与抱怨；与新闻媒体合作，减少媒体对公司的误解与曲解；尽公司社会责任，培育职工奉献社会的精神。

（二）建立健全公司保障机制

公司在进行危机管理设计时，必须考虑到以下几个问题。

①确保公司内部信息通道畅通无阻，即公司内任何信息均可通过公司适当的程序和渠道传递到合适的管理层级和人员。

②确保公司内信息得到及时的反馈，即传递到公司各部门和人员处的信息必须得到及时的反应和回应。

③确保公司内各个部门和人员责任清晰、权利明确，即不至于发生互相推诿或争相处理。

④确保公司内有危机反应机构和专门的授权，即公司内须设有危机处理机构并授予其在危机处理时的特殊权利。

如此一来，公司内信息通畅，责权清晰，一旦发生任何危机先兆均能得到及时的关注和妥善的处理，将不至于引发真正的危机。

（三）充分的资源准备

公司预防危机的资源准备分为人力资源和财力资源两个部分，其中最为关键是人力资源准备。处理危机事件，关键在人，而不在物或其他。而这种人力资源的准备既要有公司内部的人力资源，也要充分利用社会上的相关人力资源即外部人力资源。公司内部的人力资源准备主要集中在建立公司自身的精英队伍，其中包括产品技术精英、生产行家、售后服务专家、法律顾问、人力资源专家和谈判能手；而外部人力资源的准备则在于行业专家、学者、媒体精英、政府官员和专业人士等。由于危机处理对于参与人员的素质要求很高，如果不提前准备，就很难在危机发生时找到合适的人员，从而延误时机并导致处理失败。

尽管每个公司都可能会遇到危机事件，但很难想象每个公司都能建立起一套行之有效的危机管理体制并储备足够的危机处理资源，当然这主要指的是人力资源。这样一对矛盾的存在，自然也就孕育了一个充满生机的危机管理中介服务市场，这也符合当前社会分工日渐专业化的趋势。虽然目前中国危机管理专业服务市场尚不发达，但显然已有公司注意到了这个商机的存在。一些公关公司、管理顾问和咨询公司相继推出了危机管理服务项目，其中重点是危机处理服务。

一个成熟的专业化危机管理服务机构，其核心资源乃是其人力资源和关系资源。人力资源部分至少应包括法律专业人士、管理专业人士、谈判专家、媒体管理精英、政府关系管理精英等；而其关系资源中则应包括著名专家学者、社会知名人士、政府离退休高官、社团领袖和一流管理智库。

公司在无法或没有建立专门的危机管理体制时或自有的危机体制无法发生作用时，可以充分借用外脑即专业的危机管理服务机构来为公司提供危机管理或危机处理服务，以避免自己无力处理而勉强为之带来的巨大损失。一般情况下，专业机构的服务水准高于公司自身的能力，因为专业人员更富有经验和专业素质，而且他们在处理危机时不受情绪的干扰，这是公司自身危机处理小组较难做到的。

二、危机处理方法

当公司面临各种危机时，不同的危机处理方式将会给公司带来截然不同的后果。成功的危机处理不仅能将公司所面临的危机化解，而且还能够通过危机处理过程中的种种措施增加外界对公司的了解，并利用这种机会重塑公司良好形象，化危为机。与此相反，不成功的危机处理或不进行危机处理，则将公司置于极其不利的位置：以新闻媒介为代表的社会舆论压力将使公司形象严重受损；危机来源一方的法律或者其他形式的追究行动将使公司遭受巨大的经济损失；公司员工因为无法承受危机所带来的压力而动摇甚至辞职；新老客户纷纷流失；等等。

对于危机的处理是公司经营管理活动中不可或缺的一个环节。很多跨国公司都设有专门的危机管理机构，且一般其主管都是由公司首席执行官兼任。在这些危机管理机构中，大多数人员都是兼职的，而且其中绝大多数都是由公司部门主管以上人员和公司外聘顾问组成。这样的组织结构保证了公司在面临危机时的反应速度和效率，从而确保了对危机事件的成功解决。而在中国的公司里，基本上看不到这样的公司机构存在。在很多企业家的眼里，公司危机是无法预测和无法管理的，因此他们不可能为此设立专门的管理机构，当然也没有这方面的人才准备。所以，一旦发生危机事件，很多公司往往采取逃避的态度，希望通过躲避来减轻事件的危害性甚至解决危机。这种想法事与愿违，公众没有得到明确答复时，会加剧对危机的误解，从而产生更大的危机。还有公司在发生危机事件时六神无主，惊慌失措，继而应对失策，导致全盘皆输。

任何事物都不是空穴来风，多数危机在爆发前都会出现或多或少的征兆或迹象，只是在危机真正爆发之前，这些蛛丝马迹的预警信号往往没有引起人们的注意和足够重视而已。世界是可知的，作为客观存在的公司危机也是可知的。公司危机的可知性是说，公司危机是可以认识的，可以预测的。公司危机与公司发展相伴而行，公司危机的形成与发展也有一个过程，有其自身的规律。

（一）危机前兆

公司危机出现前兆主要表现：管理者行为方面，不信任部下，猜疑心重，对部下的建议听不进去，一意孤行，固执己见，使员工无法发挥积极性，对员工要求严厉，对自己要求宽松，执行双重标准，上下之间积怨甚深等；经营财务方面，销售额大幅度下降，负债比率大幅度升高，自有资本率大幅度降低，拖欠业务付款，拖欠员工工资等；经营策略方面，计划欠缺慎重周密，对产品任意调价，在市场变化或政策调整等外界变化发生时，无应变能力，投资与本行不相干的行业，从事买空卖空的投机等；经营环境方面，市场发生重大变化，出现了强有力的竞争对手，公司内部不和，谣言四起，中坚力量陆续辞职和调离，内部管理出现不协调迹象，有不守信用的行为发生，受到新闻界、政府部门"曝光"，社会公众舆论哗然等。如果出现了上述前兆，那就预示着一场危机即将到来。公司应当从各个渠道及时捕捉到这些征兆，并对其进行分析和判断，及时进行必要的防范，确保公司的某些薄弱环节不至于转变为危机。

（二）危机化解

当公司利益与社会利益发生严重冲突时，在极短时间里公司应变危机的态度和行为，将直接影响一家公司的长期发展甚至是生死存亡。

1. 化解原则

危机化解是危机管理的主要环节。一旦公司发生危机事件，危机化解就显得极为重要，因为它事关公司的生死存亡。危机化解是一个综合性、多元化的复杂问题。公司在进行危机化解时，必须遵循一些基本的原则：第一，高度重视，高层躬亲，不能掉以轻心，麻痹大意。第二，及时反应，及时处理，不能拖拖拉拉，贻误战机。第三，高瞻远瞩，顾全大局，不能斤斤计较，因小失大。第四，合理合法，有取有舍，不能以非抑非，无视国法。第五，亡羊补牢，整顿提高，不能疮好忘痛，一犯再犯。危机管理根本性取决于公司战略，取决于站得高、看得远。战略方向是错误的，转"危"为"机"难上加难；自身连一贯的公司信条都没有的公司，危机管理将缺乏直接的理念指导。危机管理的核心是危机公关，既涉及对外各利益相关方，又必须重视对内员工的危机教育。

总体而言，以下化解危机的做法值得借鉴：第一，积极与消费者沟通，争取主动性。第二，指定新闻发言人，保证信息统一性和畅通性。第三，以真诚的态度面对消费者。索尼在致消费者的通知函中，虽含蓄却完整地表达了对消费者的"4R"公关原则：遗憾（regret）、改革（reform）、赔偿（restitution）、恢复（recovery），即一个组织要表达遗憾、保证解决措施到位、防止未来相同事件再次发生并且提供合理和适当的赔偿，直到安全摆脱这次危机。

2. 化解步骤与方法

公司在遵守上述化解原则与方法的同时，还须按照合理的程序来化解危机事件，方可做到临危不乱，张弛有道。一般来说，危机化解应按如下的程序来进行。

①听取危机事件报告及评估。危机事件的发生往往十分突然而且来势汹汹，但这绝

对不能影响作为公司最高负责人的冷静。因此，当危机事件发生时，公司负责人首要的事便是召集公司高层听取关于危机事件的报告。报告应由一线员工或亲历员工汇报，力求准确、全面、详尽、客观。不能对危机事件的重要细节隐而不报，且必须站在客观的立场进行报告。因为多数时候汇报人在汇报时会有意无意地为自己或为公司开脱责任，隐瞒一些可能涉及自己或公司责任的事实或情节，从而影响对危机事件的全面正确评估。当最高负责人和高层人员听完汇报之后，必须在最短的时间内对危机事件的发展趋势、对可能带来的影响和后果、公司能够和可以采取的应对措施以及对危机事件的处理方针、人员、资源保障等重大事情做出初步的评估和决策。

②组建危机处理小组。当公司最高负责人对危机事件做出了初步的评估和决策之后，紧接着的工作便是成立危机处理小组。危机处理小组应为处理危机事件的最高权力机构和协调机构，它有权调动公司的所有资源，有权独立代表公司做出任何妥协、承诺或声明。一般情况下，危机处理小组应由公司最高负责人担任小组负责人。小组的其他成员，至少应包括公司法律顾问、公关顾问、管理顾问、业务负责人、行政负责人、人力资源负责人和小组秘书及后勤人员。危机处理小组在必要时可分为两个小组，即核心小组和策应小组。核心小组主要由公司最高负责人、法律专家、公关专家、业务专家和谈判能手组成；策应小组由行政负责人、业务负责人、人力资源负责人和其他后勤人员组成。其中，核心小组的任务是执行谈判、交涉、决策和协调任务；而策应小组则是负责实施解决方案和提供后勤资源保障。

③制定危机处理计划，全面调配物质资源。危机小组成立之后，首要的工作便是根据现有的资料和情报，以及公司拥有的可支配的资源来制定危机处理计划。计划必须体现出危机处理目标、程序、人员及分工、后勤保障和行动时间表以及各个阶段要实现的目标。其中还必须包括社会资源的调动和支配，费用控制和实施责任人及其目标。计划制定完成并获得通过后，策应小组便立即开始进行物质资源调配和准备，而核心小组成员则要立即奔赴危机事件现场，展开全面的危机处理行动。

④危机化解。核心小组在到达危机事件现场后，需首先进行事件的了解和核实，发现是否有与汇报不符的事实和情节，如有则需立即调整危机处理计划，如无则按原计划进行。危机处理根据危机事件的性质和情况不同，一般按如下方式进行处理。

如果危机事件尚未在媒体曝光，则必须控制事件的影响。在对事件进行充分调查了解的基础上，根据法律和公理，果断做出处理决定。在这一阶段，公司可以在合理合法的前提下，适当让步，争取牺牲小利换来事件的快速处理，以免因事态的进一步恶化造成无法控制的局面和公司声誉的损失。但同时需要注意的是，在该阶段的处理方案中，必须包括对危机事件另一方的保密责任和违约责任进行严格的规定，以防其事后反悔，从而导致公司被动。

如果危机事件已由媒体公开并已造成广泛影响，则危机处理应将重点转到媒体公关上来。当然，对危机事件本身的处理也需尽快完成。对媒介的公关，主要方式是让媒体了解事实真相，引导其客观公正地报道和评价事件。如果事实真相对公司不利，则危机处理小组必须表现出真诚的悔意和改正的决心，并强调该次事件的偶然性和公司的改正措施及时间表以及公司承担责任的方式和范围，以取信于媒体和公众。如果事实的真相对公司有利，则危机处理小组必须充分利用媒体揭示事实真相，让媒体充分了解事件原委并引导其对事件本身进行客观的报道和评论，努力塑造公司的受害者形象，博取舆论的同情，特别要注意对此前那些对公司进行过负面报道的媒体不要指责，而要引导其视线，唤起其良知和公义之心，让其自行对此前的报道进行更正。与此同时，危机处理小组还需通过法律专家和顾问，向危机事件的另一方施加法律行动的压力，迫使其承认过错，承担责任，达成解决方案。

危机处理小组在通过引导媒体进行事件报道的同时，需对公司的经营状况、业绩、产品和服务的特色以及公司文化等进行广泛的宣传，让关注事件的公众更多地了解公司和认同公司。在必要的情况下，其还可以对公司的发展战略和经营计划进行适当的介绍，或是对与危机有关的公司产品或服务进行详细的介绍和说明，以期引起舆论的关注和兴趣。这就是所谓的利用危机、化危为机、将坏事变成好事。在危机处理过程中，不论与媒体或是与另一方当事人打交道，危机处理小组都必须注意权衡利弊得失，相机而动，随时调整处理策略，切忌冲动和斤斤计较。除此之外，危机小组在处理过程中还需与当地政府保持联系，必要时可寻求当地政府支持和帮助。所有的危机处理过程，都必须注意尊重当地习惯和风俗，尊重当地的文化和宗教，其中当然包括对对手的尊重。公司的生存发展是百年大计，而危机事件只是其中一个插曲，公司必须将目光放远，该取舍时果断取舍，不能拘泥于一时一事。公司在危机处理过程中的所有表现将被舆论视为公司的一面镜子。

公司在危机处理过程中所表现出来的风度和态度，真诚和善意以及牺牲和妥协都将成为公司形象的一个重要部分。因此，所有参与危机处理的人员必须自始至终表现出良好修养，不得因个人行为而影响公司的形象和声誉。反之，公司则应利用这样的机会，在公众心目中树立公司的正面形象。公司危机处理的过程，从一开始就应被视为公司与社会公众沟通的一个过程。无论危机事件涉及的对手是个人还是公司，是政府还是新闻媒介，都应充分利用这个机会广交朋友，特别是与新闻媒介和政府打交道的时候更是如此。实践证明，一次成功的危机处理，往往能为公司带来新的关系资源和公众支持。

⑤汇报结果，总结经验教训。危机事件解决方案的达成和实施，并不意味着危机处理过程的结束。对公司来讲，最为重要的危机处理环节便是总结经验教训。这个环节之所以如此重要，是因为公司可以从这个环节中发现公司经营管理中存在的问题，并且有针对性地进行改进和提高。

在危机处理过程中，公司往往会发现一些平时未能发现的问题，特别是与引发危机事件有关的问题。这些问题中有些是偶然的，有些是制度性的，有些则是人为造成的。随着危机事件的处理，这些问题也逐渐暴露出来，而且这些问题的暴露还会引发一些与之相关联的或者本身虽然与危机事件无关但也是很重要的问题。公司可以通过对暴露出来的问题做出分析，进行必要的改革和调整，从而避免公司犯类似的或更大的错误。

同样，在危机处理过程中，公司也会发现一些平时未能发现的长处，或是未能发现的资源。这样的发现将有利于公司将这部分资源进行有效的利用或将这部分长处进行进一步强化，突出其重要性。

除此之外，公司还可以通过危机处理来积累包括危机处理经验在内的各种经验，建立起一些平时没有机会建立起的社会关系资源，如媒体关系、政府关系或是与消费者的互信关系。一些更成功的危机处理还会通过危机处理来进行公司广泛的正面宣传，扩大公司的社会影响，提升公司的知名度和美誉度，从而积累公司的品牌资源。

3.危机恢复管理

公司危机管理的最后一个课题乃是在危机处理完毕之后，根据公司从危机处理过程中总结出来的经验和教训，进行公司经营管理活动的改进。公司对其经营管理活动进行的改进，主要是根据在危机处理过程中发现的问题和总结的经验来进行的。其主要内容是对公司存在的问题进行解决和对公司积累的经验进行推广，如有的公司发现其公司内部信息沟通不畅是危机事件发生的根本原因，则其要进行的改进包括重新设计公司的组织结构，强化公司内部的信息沟通渠道和反馈渠道，从而避免因信息沟通不畅而再次引发危机事件；有的公司发现是其基层员工素质低下而引发的危机事件，则改进必须包括对基层员工的培训和考核，甚至进行必要的处理和更新；有的公司发现是经营指导思想引发了危机事件，则必须改变其经营指导思想，以免重蹈覆辙等。

第四节 大学生创业项目选择与优化

一、创业项目选择

创业者最容易犯的致命错误就是自认为评估、判断是多余的，一味地、主观臆断地选择项目。据中国创业招商网统计，90%的人曾经有过创业冲动，其中60%的人会付诸实施，但其中仅有10%的人会成功。那么，为什么会有这么多人失败呢？中国创业招商网最近展开的一次调查发现：98%的失败者是因为没有选准合适的项目。可见，项目选择是创业过程中的关键一环。对创业者来说，选择一个好项目，就相当于跨出了走向成功的第一步。

（一）创业项目选择原则

1. 符合法律和国家产业政策

创业是在国家法律以及相关产业政策的大环境下进行的，必定要受到国家法律及相关政策的影响和调控。国家对于有些领域是明令禁止的，如制毒贩毒、军火的生产和经营、非法传销等；有些领域是有限制条件准入的，如制药、烟草等；有些行业是有资质限制的，如大型的建筑安装工程、矿山开采等；有些领域是大力支持和鼓励的，如文化产业、高新技术产业等。因此，选择创业项目时，要以国家政策和法律为依据，不能选择法律限制或禁止的项目，应选择国家产业政策鼓励、支持的产业或项目。符合国家产业政策的项目可以享受很多优惠条件，并得到相关部门和政策的扶持。例如，在沈阳，毕业三年以内的大学生，如果其创业项目符合国家产业政策和法律要求，提供相关文件与证件，经批准后可入驻大学生创业园，并享受低于市场价格的场地费用和免费获得办公用品、创业辅导课程以及法律、财税、管理、技术等方面的指导等。

2. 目标市场明确，有开发潜力

成功创业的一个重要方面就是发现并利用市场上出现的机会，而顾客的需求就是市场机会。创业要乘"需"而入。创业不但要乘"需"而入，还要尽量能够做到经久不衰。产

品的市场支持力、市场容量及自身接受能力，对创业者来讲至关重要。所以，创业者要通过市场调查，分析所选项目是否在目标地域、目标群体中有现实的和潜在的消费需求以及自己是否可以顺利进入该市场等问题，并尽可能地选择那些具有广阔市场前景的项目。

3. 项目切实可行，易于操作

对于初始创业的大学生来说，选择可操作的项目是最重要的。选择创业项目，不能一味地凭空想象，必须在深入调查的基础上进行可行性研究和分析。如何选择到适合自己发展和容易成功的项目呢？选择依据是什么？一般主要根据项目是否符合个人兴趣、投资额大小、投资回报水平、行业前景与市场潜力大小、经营场所要求、市场准入条件、需要的员工技能、需要的人际关系资源、上下游业务渠道控制能力等方面来确定。对此，要从实际出发，不贪大求全。瞄准某个项目时最好适量介入，以较少的投资来了解和认识市场。等到有把握时，再大量投入，放手一搏。不要嫌投入太少而获利低。因为"船小好调头"，即使出现失误，也有挽回的机会。

4. 项目有新意，以新取胜

就创业而言，创业者是很需要一些"敢为天下先"的勇气的，因为创业本身就是一项创新活动。我们很难想象，一个陈旧俗套、立意平平的创业项目能够获得投资者的青睐或者在激烈的市场竞争中站稳脚跟。创业项目多多少少都需要有一点创新性或者独特性。当然，创业项目也不是越新越好。因为革命性或者全新的项目，其市场推广的难度非常大，风险非常高。对于资金不充足的创业者，针对现有的产品与服务进行改进或重新设计现有商业模式，就比创造一个全新的产业模式要容易得多。

5. 选择自己熟悉的项目

要提高创业成功的概率，一定要对某一行业愈熟悉愈好，不能光凭想象冲动做事。许多创业者都是因为有一门专业是熟悉的，因而萌生了创业的想法。例如，一些农学专业大学生农村创业大有作为；计算机专业大学生IT创业如火如荼……因此，创业要从自身实际出发，不能为追求所谓的创业热点而盲目投资，以免决策失误而功败垂成。个人创业选择项目一定要遵守"不熟不做"的宗旨，选择自己熟悉或十分热爱的行业和项目。选择的项目与自己过去的从业经验、技能、特长和兴趣爱好越吻合，对行业的产供销越清楚，则创业越有内在和持久的动力，成功的可能性也越大。

（三）创业项目选择步骤

创业项目选择是创业策划中的一个十分重要的环节。一个好的创业项目，在一定程度上影响和决定了创业企业的成功与发展。创业者可选择的创业项目有许多，但从中选出一个适合自己的项目并不是一件容易的事。而创业项目的选择对以后的投资又有着举足轻重的影响。因此，对于创业项目的选择既要慎重、全面考虑，又要遵循一定的步骤。

1. 进行市场分析

在某些情况下，创业项目的选择可以说是从市场分析开始的。因此，准确的市场分析是选好创业项目的前提。可靠的市场容量和增长速度可以为创业企业带来商机，相反也可能限制创业企业的灵活性与发展。创业项目的市场分析主要包括三个部分。

①行业环境分析。行业环境分析有很多方法，常用的有波特的五种力量分析法（现有竞争对手、供应商、购买者、替代品、新进入者）。通过分析能大致了解行业概况并预测行业发展趋势，可以得知新事业在市场中的地位以及可能遭遇的竞争对手的反击程度。除此以外，还有行业专家访谈和二手资料分析的方法。专家访谈包括行业协会、政府主管部门、大学和研究院所专家、竞争对手雇员、客户所在单位专家等。二手资料的来源包括专业网站、综合经济网站（如国研网、中国经济信息网等）、专业报刊、行业协会报告、专利数据库、中央及省级政府部门行业发展计划、专业展览会、专业研讨会、专业咨询机构报告等。

②目标市场分析。目标市场分析首先必须确定市场细分的标准。如果是个人消费者，一般的标准有年龄、性别、家庭人数、收入、地理区域等。如是单位客户，一般的细分标准有行业、地区、规模、利润、购买目的、产品性能等。确定细分的目标市场后，就可以制作访谈问卷。简单的调查问卷一般包括两部分：基本信息部分和深入问卷部分。个人消费者基本信息部分的内容可以包括姓名、住址、联系电话（以便进一步联系深入访谈）、年龄、性别、婚否、家庭构成、收入和可支配收入、职业、教育程度、宗教信仰、性格特征等。单位客户的基本信息可以包括行业、地址、销售额、利润、员工数、主要产品或服务、现有供应商、购买决策者、需求数量等。制作访谈问卷之前可结合行业分析试访几个潜在客户，以便使问卷更具可信度。

③竞争对手分析。对竞争对手的调查既有助于创业者摸清对手的情况，又能从中学习其长处，从而提高新建企业的竞争能力。创业者想击败对手，必须确切地知道对手的产品、研发能力和技术储备、目标市场及营销策略、目前的盈利状况和潜力、核心竞争能力、技术人员和管理人员、生产设备和生产能力、供货商情况、成功或失败的根本原因、采取的战略、销售渠道及销售系统、主要客户以及主要客户对他们的产品评价、忠诚度等。有了竞争对手的这些信息，创业者就能有针对性地进行SWOT分析（企业的优势、劣势、机会、威胁），制定专门的对策迎接市场竞争。

2. 进行财务评价

选择起步项目必须关心它可能形成的财务效益。财务评价是对过去财务状况的总结分析和对未来状况的预测。对过去的财务分析主要是研究企业的财务状况和财务方面的能力，它的重要度相对低一些。而对项目未来财务效果的预测，主要是通过对项目的未来收益进行预测，看项目是否能够给投资者带来回报以及回报的多少，其重点是项目的预期收益。对企业的预期收益评价主要是预测投资的回报率，这也是风险投资家最关心的问题。对未来收益的预期通常有一个比较长的时间，鉴于风险投资的投资期限一般为3～7年，因此对项目未来收益的预测一般以5年为预测区间进行定量预测。

财务预测主要根据损益表、现金流量表、资产负债表，重点对投资资本需求、资本支出维持水平、计划资本支出、计划折旧与摊销时间表、资产寿命、融资需求等进行预测。内部收益率是进行财务评价的一个重要指标。考虑到新事业开发可能面临的各项风险，合理的投资回报率（ROI）应在25%以上。一般而言，15%以下的投资回报率就不是一个值得考虑的新事业机会。

资金需求量较低的创业机会，一般比较受投资者的欢迎。事实上，许多个案显示，资本额过高其实并不利于创业成功，有时还会带来稀释投资回报率的负面效果。通常，越是知识密集的创业机会，对于资金的需求量越低，投资报酬反而会越高。因此，在创业开始时不要募集太多资金，最好通过盈余积累的方式来积累资金。

3. 进行产品与技术评价

创业投资项目的产品与技术评价主要包括六个方面。

①产品的创新程度及独特性。产品的创新程度评价主要考察相对于原有产品的创新情况，看其功能是否有所增强、性能是否有所改善以及能否更好地满足用户需求。产品的独特性评价主要看产品是否具有独一无二的特点，市场上是否存在同类产品以及是否难以仿制。

②技术的先进性。技术的先进性可以用三个方面的指标来衡量，即技术功能指标、技术性能指标和技术消耗指标。技术功能指标是否先进直接决定着产品的功能水平。由于产品功能是通过技术功能实现的，顾客买的是功能、解决方案，因此一定要保证顾客获得先进的技术功能。技术性能指标是否先进主要表现为技术参数是否先进，是不是采用目前最领先的技术。技术消耗指标是否先进主要是指实现技术功能、技术性能的各类消耗水平。技术实现对消耗的要求可能很高，降低消耗就意味着节约成本，因此技术消耗指标的先进是技术先进的一个重要表现。

③技术的可靠性。技术的可靠性体现在核心技术的成熟性、技术整体的配套性、技

的风险性三个方面。核心技术的成熟性主要是看技术效果的稳定性和产品的均一性，以及核心技术是否经过工业性试验。技术整体的配套性主要是看一项工业生产中所用的所有技术是否配套。如果所有的技术都很先进，但是在共同使用过程中却不能协调配套，那么这样的技术组合就是失败的。技术的风险性是缘于新思想与新技术本身的先天不足（技术不成熟、不完善）以及替代性新技术的出现时间短等。此外，还有制造技术和使用技术的不确定性所带来的风险。

④技术的成熟度。考察所采用技术的成熟程度，一般是审视拟用生产技术是否经过小试、中试的检验。通过这些检验，既可以评价相应技术的优异程度，也可以发现某些技术环节的缺陷。由于技术的成熟性决定着生产环节的技术风险大小，因此，新创企业只有使用成熟的生产技术去制造产品才可以避免创业之初的某些致命缺陷。

⑤拟用技术的规模经济性。新创企业要想在项目开始起步时就在市场上占得一席之地，并迅速成长起来，就必须考虑拟用技术的规模经济性。为此，要测算三个重要指标，即盈亏平衡产量、利润最大化的最佳产量和特定设计与设备条件下预期可能的产量。需要注意的是，如果预期实际产量达不到盈亏平衡产量，企业必然是亏损的；如果预期实际产量达不到最佳产量，那么企业将得不到最大化的利润。

⑥特定产品项目的投入要求和生产许可。一般而言，推动任何产品项目，创业者总需要投入一定量的生产资金、需要得到政府有关部门的生产许可。而在企业初创阶段，创业者往往缺乏资金。如果产品样品没有生产出来，则不可能得到政府有关部门的生产许可，初期创业者对此需要加以注意。

4. 选择营销方式、经营地点、网络关系

创业者要推动一项创业活动，在正确选择可进入的行业和起步项目的前提下，需要恰当地选择营销方式、经营地点和营销网络。

①营销方式是行业特点、企业特点、产品特点、用户特点的函数，创业者需要根据本项目的具体特点选择恰当的营销方式。尽管很难对创业者提供放之四海而皆准的营销方式，但有一种可行的方法是，运用管理学、营销学的基本原理与方法，认真分析新创企业的行业特点、企业特点、产品特点、用户特点，从降低产品的交易费用出发，来选择适当的产品营销方式。该交易费用一般包括促销费用、运输费用、销售服务费用、营销网点建设费用等。

②新创企业必须有自己合法的经营地点。选择经营地点时一般需考虑以下几点：一是企业所在行业的特点及技术特点。一般来说，专业流通企业的区域选择应主要考虑同行聚集性及合理分布；生产企业的区域选择应注意考虑基于生产技术过程要求的就近配套原则

和环境可控原则。二是不同地区的政策差异。由于不同地区的经济政策会有一定的差异，特别是企业审批、税收优惠和信贷优惠等方面，因此，创办新的企业时有必要对不同区域的政策进行调研、分析、比较，从而选择一个对自己更为有利的创业政策区域。三是不同地区的文化差异。新创企业所处区域的文化差异，也影响着新创企业的运行效率及创业成功的概率。对于新创企业而言，将企业设在创业文化浓厚的区域十分重要。四是不同地区的费用差异。创业企业选择经营地点时，还必须考虑特定区域的费用压力，包括商业用房用地费用差异、人力资源成本差异、企业配套设施运行费用差异、交通运输费用差异，以及企业承担的区域性社会负担差异等。五是企业对外联系与用户光顾的方便性。经营地点选择还必须考虑企业对外联系的方便性。六是对比多家、综合考虑。在特定条件下，前述某些要求之间可能是矛盾的，这就需要创业者能对比多家、综合考虑，以选择真正合适、满意的经营地点和场所。

③注重建立必要的网络关系，即与未来的同行企业、配套企业、投资机构、用户等建立联系，与工商、税务、金融、科研、社团等机构建立联系。一般而言，这需要从企业的长期生存与发展实际出发，充分考虑外部组织与所创企业的紧密联系。有人曾断言，新创企业如不建立广泛的社会联系，则起步之初就会处处碰壁。新创企业往往资金短缺或资金周转慢，特别需要金融机构的支持；因起步之初缺乏较强的竞争能力和企业运营经验，希望得到政府机构的支持；因需要持续的技术支持，需要与科研机构形成密切的伙伴关系。因此，建立和维护与金融机构、政府机构、科研机构的密切关系，是新创企业建立网络关系的关键。

5. 进行风险评估并设计退出方式

①进行风险评估。在对创业投资项目进行风险评估时，需将定性分析与定量分析结合起来，通过系统而充分的考虑，定性分析出与项目有关的各种不确定因素及其概率分布，并在项目多方案比较和选择的不同条件下定量分析出与项目有关的各种因素的变化对项目投资效果产生的影响。在具体进行评价的时候，需要注意四点：一是以对技术和产品的评价为基础。重点分析风险企业核心技术的含金量有多少，是否具有完全的自主知识产权，技术和产品的持续发展能力。二是把对团队和管理的评价作为评估的关键。风险投资家"宁愿投资拥有一流人才、二流产品的企业，也不愿投资拥有二流人才、一流产品的企业"。因此，应重点分析企业成员的素质、核心技术人员的稳定性、团队与企业利益的关联度以及管理的开放性等。三是以获取高额回报为目标。应重点分析企业无形资产价值、企业核心资产价值、风险投资退出渠道、资本增长倍数与回报率。四是要特别注重对政策环境、人文环境等全方位风险因素的分析。

②设计退出方式。创业投资的目的不在于对被投资企业股份的占有和控制，而是在企业做大后将资产变现从而获取收益，因此退出方式是创业投资家在评估项目时考察的一个重要指标。对这一指标考察的重点是评估企业提出的退出依据是否可靠、最可能的退出方式及各种方式的可能性程度、合同条款中有无保护投资权益的财务条款及财产保全措施等。

（二）创业项目选择范围

在项目的汪洋中找到属于自己的那一个，可谓大海捞针。但是，凡事都有规律可循，可用下面的路径来确定项目选择范围。

1．排除不能做的项目

根据国家政策和法律，结合自身的实际，要弄清楚什么事情是自己不能做的、是力所不能及的，并将其剔除。

2．确定可以做的领域

创业者要知道哪些事情是自己可以做的，把具有发展潜力的项目划进来。划进圈子里的项目要具有发展的空间与时间。空间意味着有发展的广度和深度，时间意味着该项目有一个发展持续阶段。任何一种产业都有一个长长的链条，环环相扣。只要能够抓住其中的一个环节，项目的前景便显露出来。比如，由环境保护引发江河治理，进而会导致大批中小造纸厂关闭，最终出现纸制品供求不平衡的局面，使纸制品空出了一块市场。创业者就可考虑用再生纸作资源去填补这一空缺。

3．对可以做的事情进行排序

根据自己的优势、强项、兴趣、知识积累与结构等把适合自己的项目列出来，再与稳定的、恒久的、潜在的需要进行对比，对可选择的项目进行排序。

4．确定适合自己的创业项目

在自己可以做的领域中，结合自己的资源优势进行筛选，创造一个切入的端口，确定创业项目。

通过上述步骤的层层筛选，创业项目的轮廓已清晰可见了。

二、创业环境优化

（一）加强资金管理，优化创业金融环境

1．创业企业艰难的生存境况

由研究可知，创业开展情况的地区差异较大，创业金融环境的差异也就较大。首先，

经济发达地区初创企业的融资情况虽然较好，但也面临许多问题，比如不具有良好的信用条件就是其中之一。其次，经济欠发达地区的初创企业，其面对的融资困难则更大，从而影响创业的开展，创业的效应也不能得到充分发挥。即使企业开展起来了，也难以顺利运转。

2.创业企业资金融通的渠道

创业初期的创业企业开办的多是中小企业，然而中小企业融资难一直是创业金融环境中的最大难题。要解决中小企业资金问题，可从以下几个方面进行疏解。

（1）拓宽融资渠道，寻找可靠的融资渠道

拓宽融资渠道，寻找可靠的中小企业融资渠道能够在一定程度上解决中小企业融资难的问题。

①中小企业可以采用目前比较流行的融资租赁的融资方式。这种融资方式就是不直接与贷款方发生资金往来，而是相关企业根据自身发展所需要的生产设备，找到能够为其提供该设备租赁服务的某一企业，按规定时间向其返还并且交付租金即可，这在很大程度上缓解了中小企业的资金压力。

②现阶段我国的资本市场尚处于初级阶段，发展还不够成熟，尽管存在着证券交易市场，但是证券的融资方式周期过长，并且进入的门槛较高，导致证券融资、股权融资等无法成为中小企业有效的融资渠道。要想拓宽中小企业的融资渠道，使其获得更好的发展空间，在资本市场中就要放宽对中小企业的限制条件，推动资本市场的发展，可以在资本市场中进行创业板的交易，另外场外交易也未尝不可。

③民间融资也是中小企业不可忽视的融资渠道之一。民间借贷能够有效缓解中小企业的资金压力，我国一些发展较好的城市民间金融市场的发展也比较迅速，中小企业采用民间融资的方式也比较多。但是，民间融资没有太多的法律保障其安全合理，所以，政府应该加强制定该方面的法律法规，加强对民间融资的监管，在保障中小企业发展的同时，避免意外的发生。例如，可以引导民间金融机构成立贷款公司、民营银行或者基金会等正规机构，降低中小企业融资的难度，帮助中小企业不断发展与进步。

（2）中小企业扩大规模，提高融资能力

中小企业扩大生产经营的规模，提高自身企业的素质与信誉度，能够有效地提高融资能力。

①中小企业在生产经营中要把诚信放在首要位置上，注意企业形象的树立，保障企业的信誉不受到任何影响，创建企业内外部良好的信用环境。只要有良好的信用与信誉，无

论何种融资方式都会考虑与该企业进行融资活动。

②中小企业要正确处理与其他机构之间的关系，要与社会上的各个金融机构建立良好的关系，应该与银行之间保持良好的沟通与联系，建立始终合作的关系。在合作之前中小企业要积极表现自己，如可以邀请银行员工到自己企业内部参观，在合作初期也要邀请银行的管理者以及员工对企业进行一定的监督管理，采用银行人员为企业发展提出的建议与意见，建立良好的合作机制，实现双方共赢。

③中小企业要合法经营，建立合理的管理经营制度，利用自己企业的优势取得更高额的利益，不断提高自己企业的形象，吸引更多的投资方前来合作，提高自身的融资能力，获得更大的发展空间。

（3）政府完善优惠政策，加大扶持力度

要解决中小企业融资过程中存在的问题，也需要政府的努力。

①完善优惠政策，加大扶持的力度。我国政府虽然到目前为止针对中小企业融资难的问题出台了不少相关优惠政策，但是能够落实的、真正解决中小企业融资难问题的政策较少，在已经出台的法律法规中，很多在实际情况中并不适合中小企业的实际需要。所以政府要完善先前的优惠政策，不断推陈出新，根据中小企业不同的发展情况制定不同的优惠政策，做到真正意义上帮助中小企业解决融资难的问题，加大对中小企业发展的扶持力度。

②在社会中建立相关的奖励措施。例如，某一银行向中小企业贷款之后政府可以给予该银行一定的税收优惠，以此来鼓励更多的金融机构向中小企业进行贷款业务，调动各个金融机构的积极性，缓解中小企业发展的压力，促进中小企业更好、更快发展。

可见，创业金融环境的优化既需要加大创业资金的供给，如增加融资渠道、扩大创业投资规模、设立创业投资引导基金、提高小额担保贷款额度、减免工商登记费用等，这些都直接或间接地增加了创业资金的供给，又需要加强社会信用环境建设和各种服务体系的建设，这些通过其他环境的优化间接促进创业资金问题的解决。总之，如果创业者创业的资金难问题得到较好解决，创业金融环境得到改善，创业者与潜在创业者的创业动机就会增强，创业行为也会增加。

（二）提升服务水准，优化商务环境

现阶段为创业者提供更优质、专业的服务，营造高质量的商务服务环境，对于我国的创业者来说格外重要，也是我国各地创业环境中急需优化的一个方面。在营造服务环境时，可以从以下四个方面努力。

1. 优化产业结构，增加第三产业比重

随着经济的发展，社会的变化，创业的环境也发生了不小的变化，在这种情况下，产业结构优化和升级的必要性也变得越来越大。因为要实现当前我国经济增长的目标，就要改变经济增长的方式，这样才能迅速提高要素利用效率。在实现产业结构优化的同时，政府还需要大力提升创业环境，增加创业就业的机会，让劳动力得到更为合理的配置。在这种情况下，政府必须加快产业结构优化升级的力度，进一步加大第三产业在整个产业中的比重，加大服务业比重，提高市场开放程度，增强各界的服务意识，从而达到提升整个社会良好的创业大环境的目标。

2. 完善服务方面的基础设施建设

在新时期新形势下，我国的消费结构已经发生了较大变化，整体上变得更为成熟。在此情况下，庞大的服务需求已经形成，但是与服务需求等方面相关的基础设施则较为落后，一些地区甚至不能满足消费者最基本的需求，因而有必要扩大服务方面基础设施的建设。当这方面的基础设施建立起来之后，创业环境才能从根本上得到改善，进而创业者的创业意愿才能得到实现，从而从更高水平实现创业与就业的双重目标。就服务业基础设施建设来说，特别要加强服务网络的建设。一般而言，创业企业信息网络在得到提升之后，包括创业者在内的社会各界人士就能得到更便捷、更高效的信息服务。

3. 强化创业型高素质人才的培养，提升服务能力

增大创业教育与培训力度，加强高素质专业服务人才的培养，提高各界的服务能力。培养与引进高素质人才相结合，自主培养与国外引进优秀的商务服务机构相结合，提高服务人员的整体素质。通过组织创业导师成立创业专家服务团等，让这些专家、导师为创业提供服务。

4. 完善政府对创业企业的服务

政府在自己的职责范围内，如创业企业的审批，为创业者与银行、中介机构等之间搭建沟通平台等方面提供更有利创业的政府服务，通过其带动作用、示范作用引导更多的人为创业服务。

（三）培养创新创业精神，改善创业文化环境

1. 营造有利的创业文化环境，加强创业者的创业动机

在创业文化的营造方面，政府及各界要营造允许失败、容忍失败的环境。

从另一个角度来看，创业失败有利于创新取得突破性的进展，从而带来丰厚的收益。

但是如果对失败没有正确的引导的话，也会对整个社会的创业氛围产生不利的影响。学者们早就提出来，错误、失败或是其他的一些随机事件都有可能为已有的或潜在的创业者提供教训，丰富他们对问题的认识。我们的创业文化要能够容忍失败，鼓励多样性。

各地对创业环境的营造也应使出浑身解数、全力以赴。各地应加大投资，建立各种类型的创业中心，创业中心内的文化氛围及整体条件应有利于发展创业。还有各地应创建创业基地等，力求为创业的发展提供良好的整体环境。

此外，研究发现地区高校较高的知识容量及较高的知识产出会提升地区的技术、知识性创业的水平。所以各级政府在营造创业文化环境、特别是创新环境时，要注意引导高校加大科研活动力度，特别是加强一些自然科学方面的研发，力争产生更多的新知识（创业机会的来源），同时引导高校提供更多高素质、复合型和创新型的人才。

简言之，在改善创业文化环境时，社会要营造更能容忍失败的环境，加大创业基地、创新中心区的文化环境建设。各地要加强高校建设，充分利用高校资源为营造地区创新、创业文化环境服务。

2. 加强创业教育与培训，提高创业者的创业能力

增强创业者的创业能力，是提升我国创业质量的硬性条件。为了提升创业者的创业技能，各地纷纷采取了各种办法。例如，天津市对市民参加创业培训给予不同程度的补贴，对于培训合格或是创业成功的人还将给予创业方面的其他更多优惠，这对于增强创业者和潜在创业者的创业技能会产生很强的激励作用，有利于更多的人积极地掌握创业知识与技能。又如，湖南省以SIYB（set-up and improve your business，创办和改善你的企业）为参照发展创业培训结构，通过创业专家服务团、专业创业教师等对创业者的专门培训提高他们的创业能力。此外，各地还极为重视高端人才创业平台的搭建，重金引进高层次的创新创业人才。这些举措既有利于为当地创业营造更高质量的创业环境，也有利于提高当地创业者的整体创业能力，使创业层次不断提高。

总之，一个地区如果已拥有很高的教育水平、独特的文化等条件，那么这就是创业者所青睐的文化多样化环境，也是创业经济所需要的大环境条件。反之，这也是政府进行创业文化环境建设时需要加以重视的地方。

三、创业文化培育优化

（一）强化文化育人意识，营造良好文化氛围

踏入我国绝大部分高校的校园，一股浓厚的学术气息便扑面而来，然而寻求商业文化

与感受商业氛围却成为一件难事。我国高校大都被一堵围墙与商业气息浓厚的外界社会隔离开来，围墙外是热热闹闹的商业街、饮食街，而围墙内则开展着各式各样的学术活动，创新创业氛围极为缺乏。当然，一般高校都会开展如模拟市场、科技节等创新创业类活动，但这些种类单一的活动往往只是流于形式，对于师生的影响力都较小。根据文化价值论的观点，高校进行的创新创业活动都必须依赖于创新创业文化的指导，文化决定了创新创业活动的价值与意义。高校要做好创新创业文化培育工作，就必须采取多种措施以积极推崇创新创业文化，营造良好的创新创业氛围，从而培养学生创新创业的兴趣，提升学生创新创业的能力。

1. 确立"创新创业文化"与"就业文化"并行的文化育人观

高校就业文化是高职校园文化中的重要内容，就业文化的创建旨在帮助高校学生应对当今日益严峻的就业形势，培育满足企业需求的优秀人才。随着科学技术的发展与进步，企业需要的是有创新精神、创新思维与能力的优秀人才。高等职业院校学生立足于就业的视角，在日常生活与学习中必须主动参与，努力培养自己创新创业的思维，不断提升自己创新创业的能力，以应对激烈的岗位竞争和人才竞争，为社会和企业创造价值。高校要构建"创新创业文化"与"就业文化"并行的育人观，可以从以下三个方面着手。

①在课程设置上要合理，正确认识创新创业课程的重要性，将其纳入专业课程的教学中。创新创业教育要改变传统的灌输式的教育方法，将创新创业文化培育与就业文化培育相结合，将创新精神的培养与职业素养的提升相结合，从而充分发挥学生的积极性、主观能动性，使学生创新创业思维的培养、创新创业能力的提升能够得到实现。

②可通过改变评估方式为学生主动提升创新创业能力提供驱动力。在学生的综合测评、培养评估中加入创新意识与创新能力这类评价指标，可以有效地激励学生在日常生活与学习中主动参与各类创新创业活动，培养自身的创新性思维。

③重点培养学生创新创业的思维方式。由于传统教育方式使学生只注重理论知识的学习，实践能力较差，创新性的思维方式着实缺乏。高校在开展创新创业教学活动中以就业文化为指导，应着重培养学生多样化的思维方式以及创新创业意识。

2. 树立典型，以形成示范效应

在我们的社会生活中，在任何地区、任何领域中榜样的力量是无穷的，每个群体只要有了领头人，在其身后必会有其学习、仿效者。在创新创业文化的培育上，要重视示范效应的发挥，以便形成良好的创新创业氛围。

（1）制定宣传与鼓励措施

对于创新创业文化进行宣传与鼓励需要政府、学校等多方力量共同进行。

①政府要给予政策和法规等方面的宏观支持。近年来，政府在创新创业扶持政策上做出了诸多有效尝试，如国务院印发的《关于大力推进大众创业万众创新若干政策措施的意见》就发布了关于创新创业环境、资金、产业等九大方面的政策，使我国创新创业氛围得到了极大的提升。除了法治保障、政策扶持外，政府也应对榜样的力量给予高度重视，要加大对创新创业的优秀案例的宣传力度，对在创新创业活动中表现优异的人给予表彰，借此改变人们对创新创业的看法。江苏省目前正在此方面积极地进行尝试，通过编订《激情年华——江苏75位大学生创业纪实》等书籍，利用省教育新闻网等媒体对大学生创新创业事迹进行报道等多种方式进行广泛的宣传，极大地激发了大学生的创新创业兴趣。

②学校要利用创新创业成功案例进行宣传。在所有案例中挑选优秀的案例，选择在创新创业实践活动中的优胜者给予一定的表彰，树立典型，在校园内形成良好的氛围，以提升学生对于创新创业的兴趣。例如，海南经贸职业技术学院就实施了一系列举措，学校以校团委公众号为平台进行了"校园创业先锋"评选活动，借此对创业者的事迹进行广泛的传播。此外，学校为此次评选活动中的优胜者举行了颁奖典礼及创业分享会，扩大宣传力度，极大地激发了在校学生的创业热情。

（2）重视榜样的教育力量

目前，我国大部分高校中，负责创新创业文化培训工作的多为大学专任教师，而大学教师自身并未有过创新创业经历，不具备经验优势，因此我们不得不重视榜样的教育力量。创新创业实践活动中的榜样与典型不仅具有示范效应，还有着巨大的经验优势，可成为高校创新创业培训的优质资源。因此，高校要积极发掘、合理有效运用社会资源，发掘并邀请在创新创业实践中获得突出成绩的知名校友、成功企业，开展座谈会、讲座、实地调研等多种方式的创新创业教育活动。例如，高校可邀请创新创业的成功人士进行专题报告，让成功创业者用自己亲身经历来教育大学生，去鼓励大学生勇于创业，教会大学生如何创业，通过与创业成功事例的近距离接触，大学生将会产生创业"你能，我也能"的心理体验，从而能勇敢地走出创新创业的第一步。

3. 加强创新创业精神培育，并融入校训教育

高校要做好创新创业文化的培育工作，培育学生的创新创业精神是重要前提。创新创业精神是创新创业者的主观意念中具有的开创性的观念、思想、意志、作风、个性和品质等。在院校内以社团活动等为载体，开展丰富多彩的大学生创业实践活动，在学校橱窗、校报开辟创新创业文化专栏，通过校园活动的点点滴滴来培养学生的创新创业精神，使学

生具备开创性的观念、拥有创新创业的意志与作风。

校训是一个学校的灵魂，是校园文化建设的重要方面，是高校办学以来形成的为全校师生所认同的理念与精神。校训通过对全校师生的生活、学习等各方面进行规范与指导，对全校师生的思维方式、治学、生活等产生着潜移默化的影响。一个学校若能将创新创业精神融入校训教育中，通过校训对全校师生产生影响，培养师生的创新创业精神，那么校内将会形成良好的创新创业氛围。义乌工商职业学院是我国创新创业文化氛围较好的高校之一，这正是其校训"尚德崇文，创业立身"的影响，将创业明确为自己的办学定位，才成就了其浓厚的创新创业文化氛围。

但就目前情况来看，我国绝大部分高校的校训中都未含有创新创业精神的内涵，甚至有的高校学者认为学校是培养学术人文精神的纯洁之地，而创新创业功利化、商业化的一面对于人文精神的培养不利。这种传统的思想观念应该随着时代的发展而转变，将创新创业精神融入校训教育中，能有效促进高校创新创业文化的培养，促进高校的长远全面发展。

（二）注重载体建设，提高培育工作实效

1. 培养专业化的创新创业教师队伍

高校创新创业教育的实施者是以教师为主体的，教师的创新创业素养对学生创新创业能力的养成有着直接影响。要做好学校创新创业文化培育工作，就必须培养高素质、专业化的创新创业教师队伍，以帮助学生学习到更为前沿的创新创业文化知识，形成创新性思维，提升创新创业能力。

（1）扩充创新创业教师来源渠道

①要引入创新创业兼职教师。除了学校专任教师，高校还可以聘请创新创业成功人士、知名科学家等极富创新创业精神的人担任学校创新创业课程的教师。这些在各行各业取得成功的优秀人士往往具备创新创业的经验，能够帮助学生形成多样性的思维方式，提升学生对于创新创业的兴趣，增强学生的创新创业素养。在这个方面，武汉软件工程职业学院进行了积极的探索，值得借鉴。学院积极聘请学校校友、创业成功人士以及专业人员担任创业导师，形成了一支人员稳定、专兼结合的创新创业教育师资队伍，为学校创新创业文化培育提供了师资保障。

②加强兼职教师的管理工作。创新创业教师来源渠道拓宽后，学校兼职教师人数会增加，这样就要注重对于兼职教师的管理，要制定合理的制度对兼职教师进行规范与管理，为学校创新创业课程的按规划、高质量开展提供保障。对兼职教师进行行为规范与管理，提升其教育专业化水平，形成全国万名优秀创新创业导师人才库，可极大地增强创新创业

教育的师资力量。

（2）建立创新创业教师培训制度

目前，我国高校教师的创新创业教育的能力还有很大的提升空间，所以学校不仅要对学生进行创新创业教育，还需通过多种方式对教师进行创新创业教育能力的培养。就目前来说，教育培训是多种师资培训方式中的一种有效的方式，高校可以建立创新创业教师培训制度，通过培训提升教师的创新创业教育能力与素养。具体来说，对于教师的培训可从以下几个方面展开。

①要"请进来"，即聘请创新创业领域的理论专家对负责创新创业教育工作的教师进行培训，教师学习掌握了理论知识，具备了创新创业意识，才能拥有创新创业教育意识，才能很好地培养教育自己的学生。

②要"走出去"，与其他高校乃至海外高校进行交流与学习，接触最新的创新创业教育信息，学习先进的创新创业教育经验，不断提升教师创新创业教育的能力。

③要实行教师企业挂职锻炼制度。创新创业教育工作需要具有丰富经验的教师来承担，让教师走入行业企业进行锻炼，提升实践能力，丰富教师对于创业的体验，这也不失为提升教师创新创业教育意识与能力的有效方式。武汉软件工程学院的教师培训制度就对此方法进行了积极的实践，每年选送一定数量的教师到创业型企业挂职锻炼，以提高教师的理论知识水平和实践能力水平，这值得我国其他高校进行效仿与学习。

2. 完善高职创新创业课程体系建设

（1）加强创新创业"隐形课程"的建设

创新创业"隐形课程"主要指的是为了启迪创新创业思维而存在的独立于专门性创新创业课程之外的课程，它存在于高职课程体系的各个组成部分，包括非创新创业类公共必修课、专业课等。调查结果显示，开设创新创业专业课程是学校培育创新创业文化的主要途径，如高校开设的"创业教育课""创业实训课""就业指导课"等专门性创新创业类公共必修课或选修课。学校通过此类课程的开设和实施向高校学生传授创新创业活动必备的基本素质和要求，这种专门类课程重视创新创业理论及方法的指导。但是，这类课程一般形式化严重，很多学生只是持修学分的态度来走过场，课程实施效果较差。要想建立完善的课程体系，就必须对能启发创新创业思维的"隐形课程"给予重视。在"隐形课程"的课堂上，启发学生思考、鼓励学生批判与质疑。在教学中以学生为主体，通过实例分析等方式，让学生自主讨论、自主探究，达到让学生多动手、多动脑、多思考的目的。将创新创业教育贯穿于人才培养活动的全过程，对学生的学业评价由传统的知识技能评价转向对创新创业思维能力的评价。

（2）加强技能训练和实践操作

高校的学生要想培养创新性思维、培养创新创业的能力，就必须投入实践活动中去，加强技能训练。只有在实践操作中，学生才能自己去发现问题，才会努力思考、反复实验，以寻求最好的方法去解决问题。因此，高校应该加大开设创新创业实践类课程的比例，使学生可以充分利用职业技能大赛、创业能力大赛、大学生实践创新训练计划、挑战杯等各类平台，不断地磨炼自己，总结方法与经验，使自己的创新创业能力不断得到提升。

（3）重视创新创业校本教材的开发

教材是课程建设的重要依托，创新创业课程的开展需要支撑性教材作为基础。

①创新创业教材应该注重实用性、实践性，要突出教材的"愿学、易学、易懂"特点，增加创新创业精编案例比重。

②高校应该联合企业共同开发教材。高校可以发挥校企合作的优势，加大与企业的合作力度，校企合作共同进行创新创业课程和教学资源的开发，使创新创业教材内容更好地符合企业的职业标准，更好地适应外部环境，使创新创业教材、课程具有针对性、灵活性。

③高校要开发高质量的教材。高校要增加在创新创业课程的财力、物力、人力等各项资源投入，保证课程开发的高质量。

④高校要积极组织编写具有学校特色和专业特色的教材，如高校要积极组织编写适合指导学生创业的校本读本，使创新创业教材既立足专业文化，又对接创业文化，能够切实指导学生的创业实践。

3. 搭建"院系－学校－社会"三位一体的创新创业实践平台

（1）学校提供资源支持

"创意萌发—申报创新项目—创业商铺开设—进驻学校科技园—校外自主经营"是成功孵化学生创新创业行为的必经的五个步骤，因而高校创新创业平台搭建要涵盖这五个步骤。

①为了启蒙学生创新创业，学校应该构建创新创业文化公共参与平台。例如，举办创业论坛，举办创业事迹报告会等，除此之外，学校还可以加强校广播电台、报刊和创业网站等宣传载体建设，营造一种良好的创新创业氛围，启发学生的创新创业思维。

②在申报阶段，高校应该设立创新创业申报制度，鼓励学生申报创新创业项目。在学生的创新创业想法得到肯定以后，高校可通过专项大学生创业店铺制度，为学生的实践活动提供精神与物质的支持。

③学校要充分发挥已有创业孵化器的功能，进一步规划建设好创新创业基地建设，以满足学生的创业需求。

④在学生的企业初具规模时，高校需与企业建立跟踪、回访制度，关注企业发展动态，建立校企之间的密切联系。

（2）整合资源，"内合外联"搭建创新创业平台

"内合外联"在高校培育创新创业文化的过程中至关重要。内合即高校内部各个部门与院系之间的有效融合，加强校内各个与创新创业有密切联系的组织、部门间的交流与联系，实现高校内部资源的有效整合。只有这样，才能发挥校园内部创新创业资源的最大价值。外联是指学校与校外企业、政府等社会力量的联合，共同推动创新创业文化的建设。高校只凭自身力量进行创新创业文化的建设是相当困难的，需要社会大环境的支持，因而高校要积极与政府、企业等进行沟通与联系，整合社会资源以增强创新创业文化建设的力量。在"内合外联"搭建创新创业平台的过程中，除了高校要积极进行各项资源的整合外，政府也应该合理有效地发挥其主导作用。政府应该积极出台创新创业激励政策，积极宣传有关创新创业的政策与法规，宣传先进的人和事以形成示范效应，在整个社会营造出浓厚的创新创业氛围。

（三）融合多种文化，走特色发展之路

1. 与优秀传统文化的融合

中华民族的传统文化博大精深，源远流长。数千年的积累之下，凝聚了无数前辈的智慧哲学，吸取了中华民族最优秀的精神品质，滋养着华夏儿女繁衍生息，不断发展。大力传承和弘扬中华民族的优秀传统文化不仅有利于提高国家的文化软实力，还能够为实现中华民族伟大复兴中国梦提供源源不竭的精神动力。而中华民族优秀传统文化与高校的创新创业文化的融合则有利于促使当代大学生树立正确的价值取向，提高自身的素质，并规范他们的创业道德。

目前，许多当代大学生对于创业的价值观认识不足，还只停留在为自身创造物质财富利润的层面，没有将创新创业实践与促进社会发展，国家富强联系起来。这就需要依托中华民族的优秀传统文化帮助学生建立正确的价值取向。此外，在道德素质方面，创新创业道德的规范也离不开传统文化中传统美德的影响，如中华民族传统美德中的"勤俭节约""吃苦耐劳""重义轻利"等优秀品质，就十分值得当代的大学生借鉴。因此，在高校创新创业文化的培育过程中，不应只教导学生进行创新创业的知识实践学习，还应当借助中华民族优秀传统文化的力量，引导学生在未来的创新创业实践中，树立正确的创新创业价值观，坚守道德底线，并提升自身对于国家、社会和人民的责任感，协调好个人利益

与国家利益、人民利益等之间的关系，形成和谐良性的发展。

2．与国外优秀文化的融合

高校创新创业文化的培育要在总结运用本土传统文化资源的同时积极借鉴国外优秀文化资源，这是全球化时代在文化发展方面的必然要求和体现。相较于我国国内的创新创业文化发展，国外对于创新创业文化的教育和实践起步要早得多，特别是在欧美等国家中，各大高校已经形成了先进的创新创业文化培育理念与成熟的培养模式，值得国内高校学习和借鉴。

①在创新创业文化教育理念上，要改保守为挑战。西方发达国家各大高校中，"It's OK to fail"的理念贯穿于创新创业培育工作的始终，而这种勇于挑战、积极探索、敢于实践的精神正是学生创新创业活动开展的重要前提。我国高校在进行创新创业培育工作时也应积极践行此种理念，从而改变师生保守、中庸的传统观念，培养师生的创新创业思维与能力。此外，国外的创新创业教育还奉行"实践多于规则"的理念，这点也需要纳入高校创新创业文化培育的目标中。学校可以建立大学创业园，组织学生自发成立创新创业协会、俱乐部、社团等，还可以定期举办校园创新创业大赛。通过这些来调动学生的创新创业积极性，营造良好的校园创新创业文化氛围。

②在创新创业文化教育课程设置方面，重点培育创新创业意识。国外各大高校都已建立较为完善的课程体系和培育计划。其课程类型大致有四类：意识类、知识类、能力类和实务操作类。国内的高校应当借鉴经验，在理论知识教学课程中，结合创业实例分析，着重激发学生的创新创业意识。还应当多增加对于学生创新创业实操能力培养的课程，如仿真模拟演练等。而鉴于国外创新创业教育体系的成熟，其师资力量也十分雄厚，国内的高校在有条件的情况下可以给本校的教师提供出国学习的机会，让教师也能够丰富自身的理论知识和实践经验，更好地教授学生。表3-2为美国代表性高校课程体系及课程特色。

表3-2　美国代表性高校课程体系及课程特色

院校	课程体系	课程特色
哈佛大学	"创业精神、创新性与组织""创业营销""小企业的经营与成长"等	建立了完整的资料与案例库，为创业管理与创业研究发行期刊
斯坦福大学	"创新精神与风险投资""投资管理与创业财务""技术创新的战略管理""创业机会评估""环境创业精神"等	开放互动式教育，实行完全学分制下的弹性学制，各种专项技术的业余学历教育与短期培训
百森商学院	"创新领域专题学习与研究""创业企业营销""成长型企业管理""家庭企业管理学"等	战略性的创新创业理念，开放性的课程体系，课程结构的整合性
华盛顿州立大学	"消费者行为研究""组织行为学""创业学""统计学"等	设立创新创业研究中心，学生可选修经济系"经济学"等课程

③在创新创业师资培训方面，建立健全的教师选聘及培训制度。西方国家的创新创业能够获得巨大的成功，实力雄厚的师资队伍建设功不可没。在西方国家，创新创业教师的选拔非常严格，其选聘标准不仅重视教师的创新创业理论知识水平，也很重视教师的创新创业实践经验。因此，在西方国家的教师很大一部分来源于创业家、实业家、创业风险投资家以及初创企业的高级管理人才。以美国百森商学院为例，其"创业管理"课程由两名教授主讲，其中一名是正式教师，另一名是创新创业实践经历丰富的客座教授，而"创业机会识别"则有三名创新创业实践丰富的客座教师主讲。除此之外，为了提高创新创业教师的质量，美国还设有专门的教师考核机构，如全美师资培训鉴定委员会、联邦教师职业标准评定委员会。

总的来说，高校在创新创业文化的培育过程中，既不能封闭自己而对外国先进文化持抵抗态度，也不能一味地追崇外国文化而抛弃我国传统文化。我们必须清晰地认识到中国不仅在国情上与国外的国家不一样，在经济基础和文化底蕴的积累上也大相径庭，高校必须走中国特色创新创业文化发展之路，争取吸收国外先进的创新创业文化，变生存型创业为文化型创业，变勇气型创业为知识型创业，变被动型创业为主动型创业。

3. 与技术文化的融合

技术文化来源于人们利用客观事物的客观存在提高自己的主观行为效率的认识。技术与文化互相影响，互相促进。从原始社会起，技术文化就教人如何获得自己需要的东西，发展到现代，成为指导人行为处事、工作生活的一种隐形力量。其文化菜单表现为通过技术文化提高人们的主观行为效率，其文化形态表现为创新人们的主观行为方式的经验积累方式。技术文化在教育方面也有着显著的价值，它既可以推动人类将知识转化为实践，同时也可以提高人类的创新创造能力。由于高校基本上以职业技术教育为主，相比普通院校，其技术文化更能得到体现。因此，培育高校的创新创业文化，更应当融合技术文化。

从教育的角度来看，技术含有丰富的文化价值，能够为高校教育的发展提供理论基础。高校的创新创业文化培育工程也脱离不了技术文化的指导。在培育的过程中，应当兼顾人才培养的职业性和技术性，不仅要让学生学习到对口职业的知识，还要培养学生的创新创业能力。因此，在日常的教育活动中，应该增加学生创新创业文化学习的课程，还要为学生所学到的知识提供更多的实践机会，这样才能够在培育出技能型人才的同时，实现学生自主创新创业的需求。

4. 与企业文化的融合

企业文化是在企业的生产经营和管理活动中形成的具有特色的精神财富。作为一个企业的核心与灵魂，企业文化能为企业提供无穷的发展与进步的动力。企业文化包括文化观念、价值观念、企业精神等因素。良好的企业文化对于企业发展的影响不言而喻。企业的价值观有着无形的导向功能，能够为员工提供前进的方向和方法，而企业的精神观念则可以使员工紧密团结在一起，形成强大的向心力和凝聚力，携手共进。优秀的企业文化能够对员工起到激励和鼓舞的作用，从而使企业得到更好的发展。因此，在创新创业文化培育的过程中，与企业文化的融合也是非常有必要的。目前我国的高校大多与当地的知名企业有着合作，现有的校企合作模式基本是让学生到这些知名企业中进行对口工作实习。而对于创新创业文化的培育来说，可以通过以下途径和企业文化相融合。

①学校应当更多地建立与中小型创业企业的校企合作。一方面可以邀请这些有成功创业经验的人到学校为学生演讲他们的创业经历以及现有的企业文化；另一方面还可以让有创业想法的学生进入这些企业实习，了解企业的发展史，切身体会他们的企业文化，从而使学生能够将所学到的创新创业文化知识联系实际，最终付诸实践。

②高校应加强创新创业文化与企业文化的有效对接。比如，在进行创新创业环境建设时，应着眼于企业文化对于职业环境的要求来进行创新创业实践场所建设，让学生能够在仿真的环境中感受企业文化，从而培养高职学生的职业意识、团体意识、创新意识，提升其职业技能与创新创业能力。

5. 与地域文化的融合

地域文化是指在特定的地域背景下形成的一种极其独特的文化。这个范围可大可小。不同于其他文化，地域文化有着鲜明的特点，其形成必然与当地的地理环境、自然条件、社会风俗等因素有着直接而紧密的联系。

中国是一个地理跨度较大的国家，地域文化的差异十分显著。而对于高校创新创业文化的培育来说，当地的特色地域文化有着极其重要的影响作用，高校的创新创业文化培育应当根据学校所在地的地域文化有针对性地展开。由于不同的地区在经济建设与社会发展方面水平不同，因此对于人才类型的需求也是不一样的，学校在教育过程中应该在研究透彻当地的地域文化之后再对学生进行创新创业文化的指导，从而使学生的创新创业能力能够满足所在地区经济建设和社会发展的需要。而当经济建设与社会高度发展之后，反过来又能更好地促进当地高校的人才培养，实现一个良性的循环。因此，在创新创业文化培育的过程中，与当地特有的地域文化相融合是非常有必要的。

第四章

大学生创业计划书

第一节　创业计划书的作用

一、创业计划书的概念

创业计划书也称为商业计划书，是创业者在初创企业成立之前就某一项具有市场前景的新产品或服务，向潜在投资者、风险投资公司、合作伙伴等游说以取得合作支持或风险投资的可行性商业报告，用来描述创办一个新企业时所有的内部和外部要素。创业计划通常是各项职能如市场营销计划、生产和销售计划、财务计划、人力资源计划等的集成，同时也是创业的头三年内确定所有中期和短期决策的方针。

创业计划书的编写一般是按照相对标准的文本格式进行，是全面介绍公司或项目发展前景，阐述产品、市场、竞争、风险及投资收益和融资要求的书面材料。有了一份详尽的创业计划书，就好像有了一张业务发展的指示图，它会时刻提醒创业者应该注意什么问题、规避什么风险，并最大限度地帮助创业者获得来自外界的帮助。

二、创业计划书的作用

一个标准的创业计划书至少有以下三个方面的作用。

（一）帮助创业者自我评价，理清思路

在创业融资之前，创业计划书首先应该是给创业者自己看的。办企业不是"过家

家"，创业者应该以认真的态度对自己所有的资源、已知的市场情况和初步的竞争策略进行尽可能详尽的分析，并提出一个初步的行动计划，通过创业计划书使自己做到心中有数。另外，创业计划书还是创业资金准备和风险分析的必要手段。对初创的风险企业来说，创业计划书的作用尤为重要。一个酝酿中的项目往往很模糊，通过编制创业计划书，把正反理由都书写下来，然后再逐条推敲，创业者就能对这一项目有更加清晰的认识。

（二）帮助创业者凝聚人心，有效管理

一份完美的创业计划书可以增强创业者的信心，使创业者明显感到对企业更容易控制，对经营更有把握。因为创业计划书提供了企业全部的现状和未来发展的方向，也为企业提供了良好的效益评价体系和管理监控指标，使创业者在创业实践中有章可循。

创业计划书通过描绘新创企业的发展前景和成长潜力，使管理层和员工对企业及个人的未来充满信心，并明确要从事什么项目和活动，从而使大家了解自己将要充当什么角色、完成什么工作及自己是否胜任这些工作。因此，创业计划书对于创业者吸引所需要的人力资源并凝聚人心具有重要作用。

（三）帮助创业者对外宣传，获得融资

创业计划书作为一份全方位的项目计划，是对即将展开的创业项目进行可行性分析的过程，也在向风险投资商、银行、客户和供应商宣传拟建的企业及其经营方式，包括企业的产品、营销、市场及人员、制度、管理等各个方面，所以，在一定程度上也是拟建企业对外进行宣传的文件。

一份完美的创业计划书不但会增强创业者自己的信心，也会增强风险投资家、合作伙伴、员工、供应商、分销商对创业者的信心。而这些信心，正是企业走向成功的基础。

第二节　创业计划书的内容

一份完整的创业计划书应尽可能充实完善，以便为创业者和投资者描述一个完整的企业发展蓝图。一份完整的创业计划书主要包括以下内容。

一、计划摘要

摘要是对整个计划书内容的总体说明，是描述全部计划的基本框架。在摘要部分需要

对以下信息进行简要说明：公司的简要描述，公司的宗旨和目标，公司目前的股权结构，已投入的资金及用途，公司目前主要产品或服务介绍，市场概况和营销策略，主要业务部门及业绩，核心管理团队介绍，公司主要优势说明，公司增资需求说明，融资计划与方案，财务指标分析。

二、公司简介

对公司的整体情况进行介绍，包括公司经营内容、宗旨、战略、产品、技术、团队等各个方面，重点阐述公司的整体优势与经营目标。

三、市场分析

市场分析是介绍公司即将进入的目标市场的整体情况，包括市场的现状与规模，市场发展趋势，以及目标市场的客户需求分析等。市场分析是撰写创业计划书最重要也是最困难的部分。

如果企业准备推出新的产品或服务，或者开拓新的市场，需要仔细地对市场进行分析和预测。创业者首先要对需求进行如下预测。

①市场是否存在对这种产品或服务的需求？

②需求能否给企业带来利润？

③需求未来的发展趋势如何？

④影响需求的因素有哪些？

其次，创业者需要对市场情况进行如下分析。

①主要竞争对手有哪几家？

②他们的综合实力如何？

③他们的竞争优势何在？

④本企业能达到的市场占有率是多少？

⑤本企业的进入会对竞争带来何种变化？

⑥企业有没有相关的措施来应对？

⑦是否存在有利于企业的市场空间？

市场分析的内容应该包括：市场现状分析、竞争对手分析、目标客户分析、目标市场分析、本企业产品或服务的市场定位、市场特征等。为做好市场分析工作，企业者必须深入市场调查研究，尽量扩大信息的搜集范围，重视对宏观环境和微观环境的预测，采用科学的预测手段和方法。

进行市场分析时，要指出在哪个行业和市场领域方面展开竞争，市场特点与性质怎样，如何划分市场格局，这些市场格局与营销研究中心的分析或与投资分析有何不同。以上问题你要具体说明。如果市场属于新开发的，那么，要思考如何建立预测来证明自己的正确性。

四、竞争分析

竞争分析包括市场竞争形势分析、主要竞争对手分析及应对策略。

五、产品服务

产品服务包括介绍企业的产品或服务及对客户的价值。对市场上的同类产品进行对比分析，阐述公司产品与服务的特色及优势，主要包括：产品发展规划，研究与开发，生产与运输，实施与服务。

六、市场营销

市场营销是介绍企业所针对的市场、营销战略、竞争环境、竞争优势与不足，主要包括：市场开发策略，产品定位分析，产品定价策略，渠道网络建设，广告宣传策略，营销团队建设。

七、财务计划

财务计划包括公司需要融资的规模及投入使用计划，并对未来几年的收益进行预测，分析投资回报情况，并列出预计的财务报表。财物计划包括以下几方面内容：资金需求说明，资金投入计划，投资收益预测，预计利润表，预计资产负债表，预计现金流量表。

八、风险分析

风险分析是对公司运营过程中可能遇到的各类风险进行说明，并说明如何应对各种可能出现的风险情况，包括以下几点：市场与竞争风险，产品与技术风险，财务风险，管理风险，政策风险。

九、内部管理

内部管理是对公司内部各方面工作进行说明，主要包括：公司组织结构，公司管理制度，人力资源计划，内部激励方案。

十、附件资料

如果创业计划书中有过多的详细说明与解释，容易造成计划的主体内容混乱。因此，可以通过附件资源的形式，使第三方能够更加详尽地了解创业计划书的相关内容与背景资料。附件资料可以列出其他与创业计划书中内容有关的参考资料，如市场调查报告等。附件资料的内容一般包括以下几部分。

1.公司及项目的背景

介绍公司创办的原因及主要项目的开发背景。

2.市场发展背景

说明所服务的市场长期以来正在发生或已经发生的事件。市场区域的成熟情况，以及对市场的冲击情况。

3.管理人员简历

叙述公司主要核心管理人员和主要技术人员的简历。

4.行业关系

公司或项目与外界相关机构的关系与协作。如：会计师事务所、法律事务所、管理顾问、技术支持等。

5.竞争对手的文件资料

描述有关竞争对手的公司名称和产品系列，包括竞争对手的实用参考性资料。

6.公司现状

在此要将资本结构、净资产、年报（如果是上市公司的话）或其他有助于投资者认识公司的有关参考资料附上。如果是私营公司（不是处于创始阶段），还应提供前几年的经过审计的财务报告。如果未经审计，请注明；如果已经审计过，请注明会计公司名称。

7.顾客名单

请提供一份完整的顾客清单，如有可能，请按市场区域，行业编码规范整理。内容应包括各类主要顾客的资料，顾客对公司提供的产品和服务的满意度调查结果，潜在购买群，用户会议和产品目录等。

8.新闻报道剪报

包括全部有关公司和项目的主要新闻介绍情况和新闻报道资料。

9.市场调研报告

包括本公司或第三方调研的市场报告资料。

10.专门术语

包括项目中涉及的各类专门技术或术语的解释说明。

第三节　创业计划书的撰写

创业计划书是创业企业找到投资的第一步，也是敲门砖。那些既不能给投资者以充分的信息也不能使投资者获得价值的创业计划书很容易被拒之门外。创业计划书不是简单地搬书，把教材书本的营销知识、管理知识照搬照用，也不是单纯地复制科研成果论文。要知道，创业计划书是创业思路的呈现，是创业的一份"蓝图"，但"蓝图"的绘制需要经历一个过程，需要做很多工作。

一、创业计划书的撰写步骤

创业计划书的撰写步骤如下。

（一）前期：充分准备

准备阶段可以为后续阶段打下坚实基础，为创业计划书的成功撰写做好铺垫。创业计划书不是想出来的，而是做出来的，尤其是通过前期充分的准备、酝酿最终产生的。要准备的内容很多，包括如下几点。

1.经验学习

写好一份创业计划书需要前期大量的学习和积累，学习内容包括：拟创业行业和产品、服务的发展情况、相关知识；前人创业成败的经验教训；认识到创业是专业的学问，并系统学习；多阅读一些其他项目的创业计划书，分析优劣，学习写作技巧和方法。

2.明确构想

通过学习形成自己的一套创业构想，并且初步进行细化，为下一步创业计划书的具体撰写形成大致的思路和提纲。

3.市场调研

没有调查就没有发言权，市场调查为创业计划书的撰写提供了现实和有力的支持。市场调研的方式可以是实地走访、问卷调查，或者是通过网络采集有公信力的行业数据，甚至是直接去网上搜集同行的报价和销售额。市场调研的主要内容包括：第一，发现目标市场，一种是发现市场的空白点，也就是别人还没有意识到或涉足的领域，另一种是取代现有的市场，提供更有竞争力的价格替代、性能升级替代或是更优质服务替代；第二，找到合理的数据证明市场存在，而且市场规模还足够容纳一家创业公司发展，如果这个市场还在高速增长就更好了；第三，寻找和积累真实消费群体数据，为项目加分；第四，细化目标市场，细分客户群体及其具体需求。

4. 撰写时机

关于什么时候需要准备创业计划书并没有统一的定论，但有一点是明确的，不是等到快要见投资者的时候才草草准备。在招合伙人、申请某项基金，甚至是为了说服自己进行脱产创业的时候，就可以开始写创业计划书了。提前准备比临时抱佛脚好。

5. 撰写计划

有了上述准备后就可以草拟撰写计划了。撰写计划不仅包括日程安排、时间节点，更重要的是人员分工。创业团队中每个成员擅长的内容不一样，所以要发挥各自的特长，共同协作完成创业计划书的编写。当然作为核心的创业者来说，要掌控全局，熟悉创业计划书的所有内容及逻辑联系，但撰写的时候不一定都要亲自完成，在适当的时候，还可以借助外力，更有效、优质地撰写创业计划书。

（二）中期：认真撰写

准备阶段虽然不是直接呈现在创业计划书上的，但却是撰写创业计划书最重要的一个步骤，准备工作完成以后就可以进入创业计划书的具体撰写阶段了。在撰写的过程中，要按照计划书的结构框架细化每部分的内容，对前期调查到的信息进行提炼加工处理，做到数据图表化、信息可视化、重点突出化，文字精练，表述准确，逻辑清晰。写好全文以后，还要设计一个漂亮的封面，并加上内容目录和页码。

撰写创业计划书，首先需要"6C"的规范。

（1）概念（concept）。就是让别人知道你要卖的是什么。

（2）顾客（customers）。顾客的范围要很明确，比如顾客为女性，是所有的女性吗，还是特定年龄段、特定职业、特定家庭背景等的女性？

（3）竞争者（competitors）。需要问：你的东西有人卖过吗？是否有替代品？竞争者跟你的关系是直接还是间接？等等。

（4）能力（capabilities）。要卖的东西自己懂不懂？譬如开餐馆，如果厨师不做了找不到人，自己会不会炒菜？如果没有这个能力，至少合伙人要会做，或者有鉴赏的能力，不然最好是不要做。

（5）资本（capital）。资本可能是现金，也可能是有形或无形资产。要很清楚资本在哪里、有多少，自有的部分有多少，可以借贷的有多少。

（6）持续经营（continuation）。当事业做得不错时，将来的计划是什么。

（三）后期：仔细检查

撰写完成后一定要多次检查，千万不要有错别字或文法之类的错误，也不要有逻辑问题，否则会让投资者对创业者的创业态度和做事的严谨性产生怀疑。我们要站在受众的角度，重读计划书，并修改完善。可以从以下几个方面对创业计划书加以审视：是否显示出你具有管理公司的经验，是否显示了你有能力偿还借款，是否显示出你已进行过完整的市场分析，是否容易被合作者所领会，是否有计划摘要并放在了最前面，能否打消投资者对产品或服务的疑虑，等等。确认无误后，打印装订成册。此外，还可以依据创业计划书做出呈现创业计划的PPT以及短视频等。

二、创业计划书的撰写内容

（一）封面和目录

封面应包括企业名称、地址、联系电话、日期以及核心创业者的联系方式、保密提示等内容。其中，联系信息应该包括固定电话号码、电子邮件地址和移动电话号码。封面底部可以放置警示读者保密等事项信息。如果企业有独特商标，可把它放在靠近中间的位置。目录要与内容一一对应，方便阅读者查找。

（二）计划摘要

计划摘要并非创业计划书的前言或引言，创业计划书摘要又称为"执行摘要"（Executive Summary），最长为3～5页，最好压缩成1～2页，2000字左右为宜，要让投资者在3～5分钟内阅读完毕。创业企业将计划摘要用于跟投资者第一次邮件沟通，或是在某些会议、论坛场合用于跟投资者简单沟通。它是整个创业计划书的"凤头"，是对整个计划书的最高度的概括。从某种程度上说，如果摘要没有激发投资者兴趣，则其他部分也就付诸东流了。摘要应列在创业计划书的最前面，它是创业计划书的浓缩精华。在某些情况下，投资者会先向企业索要摘要复本，在摘要有足够说服力时，才会要求阅读详尽的创业计划书。计划摘要应一目了然，以便投资者能在最短的时间内评审计划并做出判断。

摘要一般包括以下内容，当然视创业项目具体情况可以有所增减，突出亮点。

1. 项目总体简介

包括创业项目基本情况、经营目标、盈利模式、管理团队、企业的股东及前期投资人、项目总体规划、核心竞争力等。

2. 产品和服务介绍

包括产品和服务的内容、特色、创新点、客户群体、核心技术、实现平台等。

3. 市场分析

包括所处的行业状况、市场细分情况、市场营销策略、竞争对手分析等。

4. 资金分析

包括项目融资计划、资金使用计划、未来财务预测、创业经济价值、风险分析等。这些内容本身就是创业计划书的组成部分，只是采取了非常精简的方式，集中放在几页纸上。通过阅读创业计划书摘要，风险投资者就可以知道创业企业项目的大概轮廓。因此，摘要虽然要放在计划书的前面部分，却要在其他部分基本完成后再写作，同时要注意应有针对性、文笔生动、秉承价值导向。

（三）企业介绍

建立初步印象后，创业者应该进一步说明自己企业的背景和现状，清晰明了地说出企业的全盘战略目标，挑明作为商业盈利企业的最终目的，使投资者能充分了解其所投资的创业企业，建立起必要的信任。该部分主要介绍企业的宗旨、企业简史和使命、主要发展战略目标和阶段目标、项目技术、研发等。

1. 企业介绍

企业介绍主要包括以下内容。

①企业的宏观介绍。包括说明创办企业的思路、思想的形成过程以及企业的目标和发展战略。

②交代企业现状。在这一部分中，要对企业以往的情况做客观的评述，不回避失误之处。中肯的分析往往更能赢得信任，从而使人容易认同企业的创业计划书。

③企业创立发展历程。企业创立是企业发展的第一个重要里程碑。企业可以通过列出创立至今所跨越的里程碑来概括企业现状。以此类推，企业未来第一个预测的里程碑是企业得到了创业计划中所需要的资金，其他预测的里程碑则是有关利用这些资金做什么，这样就能刻画出企业未来生命中事关企业发展战略和阶段性关键事件的时间曲线。

④企业的经营范围。主要做什么产品以及提供什么服务和服务对象等。

2.项目和技术介绍

项目和技术介绍主要包括以下内容。

①技术独特性（通过与同类技术的比较进行阐述会更有说服力）。

②投入研究开发的人员和资金计划及所要实现的目标。

③研发人员情况。

④研发设备、研发产品的技术先进性及发展趋势等。

（四）产品与服务

创业计划书的核心是一项创新性的产品或服务以及它对最终客户的价值。在进行投资项目评估时，投资者最关心的问题之一就是，风险企业的产品、技术或服务能否以及在多大程度上解决现实生活中的问题，或者能否帮助顾客节约开支，增加收入。一般来说，产品或服务介绍必须回答以下问题。

①顾客希望企业的产品能解决什么问题？顾客能从企业的产品中获得什么好处？

②企业的产品与竞争对手的产品相比有哪些优缺点？顾客为什么会选择本企业的产品？

③企业为自己的产品采取了何种保护措施？企业拥有哪些专利、许可证，或与已申请专利的厂家达成了哪些协议？

④为什么企业的产品定价可以使企业产生足够的利润？为什么用户会大批量地购买企业的产品？

⑤企业采用何种方式去改进产品的质量、性能？企业对发展新产品有哪些计划？

创业者必须将自己的产品或服务创意向投资者进行介绍，具体包括下列内容：产品或服务的名称、特征及性能用途；产品或服务的生产成本、售价；产品或服务的市场前景和竞争力；产品或服务的研发过程，现处于生命周期的具体阶段、市场前景；产品的品牌和专利；发展新产品或服务、产品的技术改进和更新换代的计划和成本分析。

在这部分内容中，创业者要对产品或服务做出详细的说明，说明既要准确，也要通俗易懂，让即使不是专业人员的投资者也能明白。如果可能，产品介绍要附上产品原型、照片或其他介绍。此外，虽然夸赞自己的产品是推销所必需的，但应该注意，企业所做的每项承诺都要切合实际，并且要努力去兑现。因为创业者和投资者所建立的是一种长期合作的伙伴关系。空口许诺，只会影响双方的长远利益。

（五）创业团队

投资者考察创业项目时，"人"是非常重要的因素。在某种意义上讲，创业者的创业能否成功，最终要取决于该企业是否拥有一个强有力的管理团队。关于创业团队的说明要注意两点：第一，实力强。通过团队简介能让投资者看出这个团队确实非常强，他们在各自的领域当中、在整个行业当中都是非常顶尖的人才。不需要非常多的信息，但是一定要把成员各自最强的优势凸显出来。第二，合作。要展示企业创业团队的独特性、与众不同的凝聚力和团结战斗精神，说明这个团队的能力之间是互相契合和互补的。投资者更愿意看到的是一个团队的整体核心竞争力，而不是个人单打独斗的核心竞争力。

对于创业团队的介绍主要包括以下内容。

①公司的管理机构，主要股东、董事、关键的雇员名单。

②核心成员的简要介绍，包括教育背景、主要成就、特殊才能、工作经历、能对公司作的贡献。

③管理队伍权限及职责分工。

④薪金、股票期权、劳工协议、人才战略与奖惩激励。

⑤企业组织架构。

⑥与企业有关的外部专业服务机构名单，包括法律公司、咨询公司和会计公司等。

（六）市场与竞争分析

市场与竞争分析主要包括目标市场分析、行业分析、竞争分析、市场营销、市场壁垒等方面。

1.目标市场分析

目标市场分析主要包括以下内容。

①细分市场、目标客户群。

②市场规模。当然也不能仅看用户数量，一些用户数量少但客单价高的产品或服务也可以被认为有很大的市场空间。

③市场背后的商业价值。

④创业的目标是占有多大的市场份额（根据产品和定价来估算的真实有效的份额，而不是随意编造的）。

⑤经济、地理、职业以及心理等因素对消费者选择购买企业产品或服务的影响。

2.行业分析

行业分析主要包括以下内容。

①行业发展程度。

②对行业的理解和认知。

③当前的商业机会。重要的是与产品直接相关的行业市场数据，即微观市场、力所能及的市场，这些数据越详细越好。

④该行业的销售额、总收入、发展道路。

⑤经济发展对该行业的影响程度。

⑥政府对该行业的影响。

⑦进入该行业的障碍以及如何克服。

3. 竞争分析

竞争分析主要包括以下内容。

①存在的主要竞争对手是谁。

②自己相对于竞争对手的优势在哪里。

③竞争对手的产品情况，包括产品是什么、有何特点，竞争对手的产品与本企业的产品相比，有哪些相同点和不同点。

④竞争对手所采用的营销策略，每个竞争者的销售额、毛利润、收入以及市场份额。

⑤竞争者给本企业带来的风险以及本企业所采取的对策。

⑥能否承受竞争所带来的压力。

4. 市场营销

市场营销主要包括以下内容。

①营销机构和营销队伍，包括是使用外面的销售代表还是使用内部员工，企业将提供何种类型的销售培训等。

②营销渠道的选择和营销网络的建设，包括企业是使用专卖商、分销商还是特许商以及市场网络开拓的地区等。

③广告策略和促销、分销策略，每项策略的预算和收益。

④价格策略。

5. 市场壁垒

市场壁垒主要包括以下内容。

①企业有没有市场壁垒。

②企业拥有的市场壁垒类型是什么。

③如何建立和保护自己的市场壁垒。

（七）生产经营计划

生产经营计划主要阐述创业者新产品的生产制造及经营过程。这部分非常重要，投资者从这部分了解生产产品的原料如何采购，供应商的有关情况，劳动力和雇员的情况，生产资金的安排以及厂房、土地等。内容要详细，细节要明确。

生产经营计划主要包括以下内容。

①如何生产自己的第一项产品，以及与之有关的现实可行性。

②产品的哪些制造工序打算自己完成，哪些准备外包完成。

③企业生产制造所需的厂房、厂址、设备情况如何。

④怎样保证新产品在进入规模生产时的稳定性和可靠性。

⑤设备的引进和安装情况，供应商情况。

⑥供货者的前置期和资源的需求量，是否能够保证生产。

⑦生产周期标准的制定以及生产作业计划的编制。

⑧质量控制的方法和质量改进计划。

⑨合格劳动力的可得水平。

⑩废物处理和员工安全的特殊法规等。

（八）财务分析与融资需要

1. 财务分析

财务是风险投资者最为敏感的问题，所以清晰明了的财务报表是对创业者最基本的要求。投资者将会从财务分析部分来判断企业未来经营的财务损益状况，进而从中判断能否确保自己的投资获得预期的理想回报。创业者应对资金需求的额度具备足够的认识，必要时还可以请教专业人士。

财务分析主要包括以下内容。

①产品的生产费用。

②商品或服务销售所预期的成本和利润。

③用于评价投资效益的经济指标测算。

④人员成本预算。

⑤财务预测：包括3～5年的现金流量表、资产负债表和损益表等。财务预测应该建立在现实预测的基础上。

⑥现金流量表。流动资金是企业的生命线，因此企业在初创或扩张时，对流动资金需要有周详的计划，资金流动过程中应进行严格控制。

⑦资产负债表。资产负债表反映某一时刻的企业状况，投资者可以用资产负债表中的数据得到的比率指标来衡量企业的经营状况以及可能的投资回报率。

⑧损益表。损益表反映的是企业的赢利状况，它是企业在运作一段时间后的经营结果。

2.融资需求

融资需求主要说明企业在未来3～5年的资金需求并对其使用计划做出解释，也就是对"需要多少钱"和"融到的钱怎么花"这两个问题进行说明，因此包括融资需求计划和资金使用计划。创业企业的融资规模和股权出让并不是创业者一拍脑袋随便说的一个数字，必须拥有合理的依据。创业企业融资规模应该以企业自身发展需要的资金为佳，需要多少资金用来发展壮大，就融多少资金。

融资需求主要对未来3～5年做营业收入和成本估算，尤其是融资成功后第一年的营业收入、成本花费和利润情况。如果创业企业不是新成立的公司，那么历史财务状况也需要说明。

（九）风险因素

此部分在于详细说明项目实施过程中可能遇到的风险，提出有效的风险控制和防范手段。创业者必须根据自身实际来描述确实存在的风险。创业计划书应该给投资者的重要印象就是创业企业管理团队非常细心，已充分认识到企业面临的关键风险。这些风险的呈现是创业者客观正视创业困难的一种表现，恰当的风险提示，不但不会降低获得融资的可能性，反而会极大地增加企业的信誉，使投资者更有信心。

常见的风险因素有如下几种。

①技术风险。主要是指在技术研发过程中，有可能因为技术人员的不稳定、研发经验不足、研发资金短缺、熟练程度不高等造成的风险。

②市场风险。主要是指在生产过程中可能会遇到的问题、市场竞争中出现的情况变化、顾客的需求改变等。

③管理风险。主要是指人手和资源不足、经验有所欠缺、管理遇到突发变动等产生的风险。

④财务风险。主要是指资金链断裂或周转不畅产生的风险，也包括说明如果企业遭遇清算是否有偿还资金的能力等。

⑤其他不可预见的风险等。主要是指政策的变动、宏观环境的变化、技术的更新迭代以及其他不可预测的风险因素。

（十）投资者退出方式

风险投资者如何摆脱某种状态是影响其投资决策的重要因素，也就是说，风险投资者在决定进入之前，一定要事先找出退身之路。他们不想长时期在企业拥有产权，他们希望其投资与其他资本共同作用一段时间后抽走。主要的退出方式有以下几种。

①企业股票上市。这样，风险资本企业可将自己拥有的该企业股权公开出售。

②企业整体出售。即包括风险资本企业的权益同时出售给有关企业，通常为大企业。

③企业、创业者个人或团队、第三方团体把风险资本企业拥有的权益买下或卖回。

以上十个部分就是一份比较完整的创业计划书的主要内容，当然，这些内容不是绝对的和固定的，这只是一个大致的框架，创业者可以根据自身项目和企业的情况，对各个部分的内容进行相应的调整或增减，总之创业计划书能够起到打动投资者，展示项目良好形象，最终获得融资资源，促进企业发展的目的。

第四节　创业计划书的展示

创业计划书准备就绪之后，接下来的主要挑战就是如何将计划书介绍、推广、投送给相关者。在大部分情况下，口头介绍是推荐给潜在投资者最普遍也是最关键的一步。创业者应该清晰地认识到，口头表达能力不仅对推介创业计划书与筹集资金至关重要，它还是创业者在新产品开发、买卖交易、巩固合作关系、招聘员工等一系列活动中达成协议的基本工具。创业计划书的推介主要包括前期准备、展示创业计划及访谈三个基本环节。

一、前期准备

口头表达与书面表达存在巨大的差异，其要点是快速地切入主题，恰当地解释创业项目，语言内容需要好好地斟酌，同时不乏风趣灵活，结构上需要体现较强的系统性与逻辑性；同时，在表达过程中可以对某些点进行拓展，一份背下来的介绍是无法激发投资者兴趣的。

创业者在做创业计划推介准备时，首先要训练自己言简意赅的表达能力，训练自己用一分钟来表达、阐述创业企业的性质与职能。现实推介过程中，创业者往往会用自传式篇幅与方式来介绍企业，想当然地认为只要自己说这么一通开场白，听众自然会明白新创公司从事的行业与提供的产品或服务。《创业的艺术》作者盖伊·川崎所说：如果一位企业家来找我，一开始只知道谈论他想如何筹集资金；如果一个非营利机构的负责人来找我，开口就要赞助，那么我根本就没有耐心从头到尾听完他们的谈话，我希望他们能够利用头

15分钟时间，向我简述他们的人生故事。如果你不这么做，你的听众不可避免地会产生这样的疑问：他的公司是做什么的呢？创业者可以利用定时器，训练自己在一分钟内阐述公司性质与目前状况，并请听众写出一句表达公司性质与职能的话。把他们的答案收集起来，与自己说的内容进行比较，通过对比结果修正自我表达方式与内容。

在前期准备中，创业者还应积极了解与分析推介对象。创业者往往认为出色发言的基础在于激起听众的热情。实际上，出色发言的基础源于推介前对推介对象所进行的调研。首先，创业者应了解究竟什么对推介对象来说比较重要。可以通过事先向主办者或中介方提出诸如：最想了解公司的三件重要事情是什么、什么促使对方对创业项目产生兴趣、可能会问什么特殊或尖刻的问题、会议参与人员年龄多大以及背景与特长如何等问题。创业者还可以通过网络搜索、资料收集、业内打听等方式推介对象，并通过换位思考、团队讨论的方式，群策群力、集思广益地梳理各种可能性，为推介工作做好前期调研工作。

创业者还应该依照"10/20/30"原则做好推介内容、长度、文字表现的准备工作。"10/20/30"原则指通过10张幻灯片、20分钟时间、30磅的文字字体来指导推介演讲。演讲过程中，推荐使用较少的幻灯片，大约10张，表面上看起来少了一些，但是这10张幻灯片具有真正的实质内容。可以再稍微增加几张，但一次演讲的幻灯片绝不能超过20张。需要的幻灯片越少，讲述的内容越引人注目。创业者可以用商业模式、项目优势与独特性、市场营销、竞争、管理团队、财务计划与主要指标以及目标实现时间与资金的使用作为幻灯片的核心标题，以此进行内容的组织。

一般展示会议时间为一个小时。因此，创业者应该在20分钟内完成陈述与演讲。一方面可以加强创业者对推介会议的时间控制，另一方面也可以让与会人员有更充足的时间进行交流与讨论。创业者应在推介前，通过内容提炼、积极准备与反复预演，使自己在介绍活动中将陈述内容集中在10张幻灯片和20分钟时间以内。

幻灯片文字内容不能用较小的字体，确保不将过多的细节内容写在幻灯片中，便于阅读。由于人们阅读的速度比说话的速度快，所以大篇幅的内容与细节在创业者讲完之前已经被阅读完毕，自然无法激起风险投资者的倾听兴趣。创业者应该认识到使用幻灯片的目的是吸引听众，而不是让听众阅读更多的信息。创业者应该通过使用口头表达的方式对内容做进一步的阐述及补充。

在演示创业计划之前，创业者还应该完成会场布置与设备准备。创业者必须事先检查、确认相应设备（如手提电脑、投影仪等）是否到位，并检查它们的兼容性与使用可靠性。创业者要备份演讲文稿并检查演讲文稿是否能在手提电脑、投影仪等设备中正常运行，同时还应准备打印机，以备万一设备出现问题，将需讲述的内容打印出来。这些工作需要创业者在演示前一天准备就绪。创业者必须认识到，倘若会议一开始就陷入乱糟糟的地步，再想把它好好地恢复起来几乎是不可能的事情。

二、展示创业计划

展示创业计划是创业者展示自己能力的大好机会，同时也是创业投资者考察创业者的关键阶段。虽然项目好坏才是创业投资者考虑的主要方面，但在大多数情况下，创业投资者不会将资本交给一个连自己的创意都表达不清楚的人。

在做好包括推测对方可能提出的问题、如何应对展示期间可能出现的意外以及确定展示重点等前期准备工作后，进入实质展示阶段。

展示开始后，可以通过诸如"我能够占用各位多长时间""各位最需要我回答的三个问题是什么""我可以先完成我的演示内容，然后再回答大家的问题吗？如果各位认为确实需提出问题，也可以随时打断我"等开场白，表达对推介对象的尊重与双向交流的意愿，加上事先布置的讲台，可以营造良好的开端并带动投资者参与的积极性。在展示过程中，应该保持条理清晰。要有针对性，突出市场前景，以吸引投资者的注意力。如果没有特殊要求，不要过分强调技术因素或故意使技术环节复杂化。

此外，创业者还需要注意掌握几个细节：不要发放有关管理经营费用的材料，包括在展示前；在展示中用热情洋溢的语言进行表达；积极与投资者互动，但不要与投资者发生争执；展示即将结束时，插入一些表格资料向与会者说明公司的财务状况；在展示休息时间，在投资者离场后，简短总结展示的效果以及需要改进之处；展示期间积极记录，展示后重新整理会议记录与讲演内容等。

创业计划展示过程中还应该注意的一个问题是不要出现喧宾夺主的情况。大学生创业者心中往往抱有这样的念头：想让更多的人参与进来，因为众人的参与能体现出所谓的团队精神。这种逻辑下的推介会往往会呈现"轮流坐庄"的局面。实际上，这恰恰给推介对象一种创业团队缺乏凝聚力的印象。在演示会中，创业领袖（核心）或公司CEO应占全部讲话的80%以上，其他高层人员（不应超过2位）可以在20%的会议时间讲述一两张幻灯片内容或回答提问，这些内容与问题都应该是他们各自专业领域的内容。如果创业领袖或CEO不能在会上利用大部分时间亲自发言，他就应当提前进行演练，直至自己能够轻松地在会议上唱主角。

三、访谈

访谈也是创业计划推介的重要环节。对于通过初步审查的创业项目，下一步就是推介对象与创业者直接交流。由于创业者的素质是决定创业能否成功的关键，因此必须对创业者进行访谈，以达到三个目的：一是面对面地考察创业者的综合素质；二是根据审查创业计划的情况，核实创业项目的主要事项；三是了解创业者愿意接受何种投资方式和退出途径，以及投资者能以何种程度参与企业决策与监控。

为了取得良好的访谈与创业计划推介效果，创业者要做好如下准备：首先，创业者要制定访谈计划，包括明确访谈的最低目标、中间目标及最高目标；拟定访谈的进程；选择合适的谈判时间和地点；确定参与访谈的人员及分工。其次，做好访谈的心理准备，即准备应对大量提问、应对投资者对管理的查验、准备放弃部分业务以及准备做出妥协。最后，掌握一定的访谈技巧，比如展示自己实力时采取暗示的办法，为了增强访谈的吸引力，要给对方心理上更多的满足感，访谈中多听、多问、少说等。创业者可以在日常生活中积累这些技巧，必要时也可以进行相关技巧的培训。

总之，创业计划展示常犯的错误都源于准备不充分。在制定创业计划时创业者要全身心投入、反复斟酌，并请创业合作伙伴或团队一齐参与。计划中每一个细节都要尽量考虑周全，计划的假设前提条件都交代清楚，可能的情况下把风险和困难也列明，并说明有什么替代方法可供选择。

第五章

高校专创融合教育实施路径

第一节　创新创业人才培养模式建构

一、"融合求实，渐进求真"人才培养模式构建的背景

职业教育应满足社会经济发展和市场变化对人才的需要，满足个性发展对教育的需要，不断提高人才培养质量，是职业院校追求的目标。专业人才培养模式是对这些课题思考的集中回答，它集中反映了专业建设思路以及专业发展的核心理念，高度概括了专业人才培养工作的各个环节和过程。

河北政法职业学院市场营销专业教学团队于2012年8月，提出了构建"融合求实，渐进求真"人才培养模式的专业建设改革思路。2014年8月，该模式基本构建完成，并得到了学院的高度肯定，据此模式制定的专业人才培养方案和教学过程的组织实施得到了学院的大力支持。

该模式在实践中着力解决了以下三个问题：第一，在课程体系构建中，如何在保证职业能力培养的同时，着力提升学生的职业素养，满足学生不同的就业需求；第二，在人才培养过程中，如何将实践教学贯穿始终，将校企合作落到实处，着力提升学生的职业核心能力和职场持久竞争力；第三，如何将创新创业教育融入专业教育，增强学生的创新意识，培养学生的创业能力，从而提升学生的发展后劲。

二、"融合求实，渐进求真"人才培养模式的研究与实践过程

（一）根据职场对职业素养的需求、职业对岗位能力的要求和学生成长的个性需求，不断完善课程体系建设

1. 根据职场对职业素养的需求，不断提高职业素养课程的比重

2012年8月增设了职业沟通，2015年8月增设了公共关系学，最终形成了第一学期职业沟通、第二学期秘书理论与实务、第三学期商务谈判与礼仪、第四学期公共关系学的职业素养课程链，努力提高学生的方法能力和社会能力。

2. 根据职业对岗位能力的要求，不断加强专业课程建设

2013年9月，根据行业企业对市场营销人才的需求，融入创新创业教育理念，修订了核心课程标准。同时，不断在教学方法与手段、考核方法与手段上进行改革创新，引入企业元素，结合工作过程开展专业教学。市场营销理论与实务课程以团队学习的教学模式，让学生在感兴趣的行业模拟创立公司，分析行业营销环境，进行目标市场定位，开展一系列营销活动，培养学生敏锐的市场洞察力；营销策划课程与娃哈哈创意营销策划大赛相融合，学生的策划能力以及执行水平有了明显提高；客户关系管理课程对技能点进行提炼，录制了15个高水平微课，配套北京邮电大学出版社出版的《客户关系管理》教材在全国推广使用；市场调查与预测课程以市场调研工作流程为主线设计了多个任务，以任务驱动来组织教学内容，充分调动了学生的学习积极性；推销理论与技巧课程以推销员的真实工作流程为中心，把课程内容整合成多个学习情境，构建理实一体化的教学内容体系。

3. 根据学生成长的个性需求，不断拓展专业限选课

2013年6月，增设了汽车营销课程；2014年6月，增设了房地产营销、数字应用能力、非营利组织学、渠道管理4门课程。最终，专业限选课中既有针对汽车、房地产等重点行业技能培养的课程，又有针对品牌营销、销售管理、渠道管理、数据分析等不同岗位技能培养的课程，极大地满足了学生职业个性成长的需要。

（二）根据职业素养在真实环境中培育、职业技能在渐进中提升的理念，不断完善实践教学体系

1. 把入学教育作为实践教学的起点

2013年，以情景模拟的方式将在校生的课程学习成果分享给新生；2014年，请优秀毕业生带着工作视频到学校现身说法；2015年，策划执行了新生入学教育拓展项目，通过破

冰、雷中取水、速度与激情、撕名牌等团队活动，让学生一入学就深切感受到市场营销人才不畏困难、团结协作的品质，最后通过销售实战比赛，更是让新生对专业学习充满了期待；2016年又增加了专业梦想秀活动，通过老师讲未来、学生写未来的方式，使新生坚定专业思想，坚定成才信念。

2. 课程实训在引入真实工作环境上下功夫

商品学课程组织学生到君乐宝工厂和河北百年巧匠手工艺品股份有限公司，参观真实的生产过程，体验工艺品的制作过程，使学生对商品质量的形成与管控有更加深刻的理解；汽车营销课程在不同品牌的汽车4S店进行现场教学，让学生感受不同的企业文化，现场观摩各工作岗位的工作过程，最后在现场体验锻炼，渐进式的学习提升深受学生欢迎；房地产营销课程从企业聘请师资授课，把真实的企业案例引入课堂，让学生在校即能了解房地产的营销实况，教学效果良好。

3. 集中实训在引入真实的项目任务上下功夫

客户关系管理的集中实训，围绕学生举办跳蚤市场展开，通过客户识别、客户关系数据挖掘和客户关系保持等实战训练，学生独立分析与解决问题的能力明显提高。市场调查与预测的集中实训，引进北国超市君乐宝酸奶市场调研、保龙仓家乐福洗发水市场调研、财贸眼镜之隐形眼镜市场调研等企业真实项目，较好地培养了学生调研分析、预测的能力。市场营销综合实训将学生置身于虚拟的市场环境中，根据目标市场进行市场细分以及市场定位，制定价格策略、渠道策略、促销策略和产品策略，市场虽虚拟，竞争却真实，学生的综合素质大大提升，专业能力也得到了锻炼。

4. 顶岗实习在提升职业素养和职业能力并重、保证实习效果上下功夫

顶岗实习是实现学校教育与职业岗位锻炼相融合的重要举措。自2012年11月开始，每年组织三年级学生开展为期五个月的"专业对口、集中安排、双向选择、双重管理"的整建制实习，现有稳定合作企业涵盖房地产类、商贸类、汽车类、金融类等。经过学校、企业、学生的三方共同努力，顶岗实习成为学生走出校门的一个重要节点，学生的角色发生了转变，经受了不同文化的相互切换，职业素养更符合企业标准，职业能力大大提升，深受企业欢迎，取得了良好的品牌效应。

（三）与专业教育教学紧密结合，积极探索建立创新创业教育体系

1. 依托专业社团，积极开展以创新创业为主题的第二课堂活动

2013年8月，成立了营销协会和策划协会，在支持协会开展各种讲座、提升会员专业

素质的同时，借助娃哈哈比赛平台，积极组织协会开展宣传推广方案策划和产品营销等第二课堂活动，取得了骄人的成绩；2014年6月，两协会携手在石家庄市学府路高校区成功举办了彩虹跑——享跑C驱动活动；2015年6月，在石家庄铁道大学成功策划执行了康贝乐杯大型亲子趣味运动会。在上述活动中，学生从创意、策划到宣传、执行全程参与，不仅深化了课堂所学，开拓了创新思维，更是历练了勇于创新、勇于开拓的创业精神。

2. 结合专业学习，积极开展创新创业实践活动

2014年3月，与厦门亿储信息科技有限公司合作，共建了"政法学院校园O2O创业基地"，对有创业意向的学生进行了创业知识与技能、职业心态、法律常识等相关培训，指导他们开办了"学府在线商城"等5个淘宝网店。通过实际经营，学生的专业技能得到提升，创业素质和创业能力明显增强。

根据市场环境的变化，2015年10月，线下体验店引入了厦门优优汇联信息科技有限公司的"优优小邮局"快递收发业务，形成一个线下体验、线上交易的完整O2O闭环。

3. 通过文化活动，营造创新创业氛围

2014年11月，举办了创业营销文化周，聘请草根创业人范济麟分享自身的创业经历，激发学生的创新创业热情；2015年9月，举办了优秀毕业生系列讲座，鼓励学生爱上专业、勇于创新；2016年，举办了"专业大咖说"，特邀石家庄创联地产经纪有限公司人力资源总监张姗姗、河北红杉林文化传媒有限公司运营总监高娟娟，从企业的角度阐述职场打拼的黄金法则，让学生明白立足岗位开拓创新的道理。多种不同层级、不同角度的文化活动，让学生深深地认识到创新思维、创业心态在职业发展中的重要性，也让学生不断地接受意志坚定、乐观向上等创业精神的熏陶。

（四）加强"四个建设"，确保"融合求实，渐进求真"人才培养模式落地见实效

1. 加强思想作风建设

一是狠抓教风建设。几年来，教学团队坚持与时俱进、开拓进取、求真务实，坚持以教师砥砺前进之品行培养学生的奋勇拼搏之精神。二是狠抓学风建设。严格落实"提前十分钟进课堂"的活动要求，培养学生良好的学习习惯；严格落实《课程考核管理规定》《实践教学管理规定》等制度，规范学生的学习行为；举办或参加校内外的职业技能竞赛，激发学生的学习热情；开发"营销界新锐"微信公众号，形成了利用互联网传播营销策划知识、学生线下学习的良好氛围。

2.加强教学团队建设

一是加强培训学习，不断提升教学团队专业能力和教学水平。二是建立企业专家师资库，保证了本专业的实践教学水平。三是积极开展教学研究，促进教师对教育教学问题的深入思考。

3.加强制度建设

2013年9月，制定了《专业实习管理实施细则（试行）》，2016年5月，进行了修改完善，内容包括学生实习期间的安全管理要求、工作要求、生活要求、学习要求及实习奖惩办法和考核评价等；2016年5月，制定了《指导实习管理规定（试行）》《辅导员顶岗实习管理规定（试行）》，对实习指导教师和辅导员的实习指导和管理工作明确提出了要求。经过实践与摸索，形成了七步实习工作流程：实习单位遴选签约、公布单位岗位信息、实习动员、预报名、双选面试、签约到岗、实习指导。规范的工作流程，不断修订完善并严格落实的规章制度，保证了顶岗实习的顺利进行和良好效果。

4.加强校企合作平台建设

依托校企合作，成立了专业建设指导委员会，共同修订人才培养计划；组织协调专业实践教学的开展并进行效果监督，在学生顶岗实习期间进行双重管理；对专业建设和课程建设制定规划，督促落实，并提供指导意见。

三、人才培养模式的主要创新点

①构建了"素养课程贴近职场需要，核心课程立足职业需要，拓展课程满足个性需要"的课程体系。

②构建了"入学教育专业化，课程实践真实化，集中实训项目化，顶岗实习全员化"的实践教学体系。

③构建了"第一课堂与第二课堂相结合，创新实践与专业技能相结合，创业帮扶与文化引领相结合"的创新创业教育体系。

第二节 创新创业师资队伍建设

一、职业院校创新创业师资队伍建设现状

双创师资队伍在创新创业教育中发挥着重要的作用，是创新创业中最核心的因素。双创教师不是简单地传授知识，而是为创业学生提供指导。随着《国务院关于推动创新创业高质量发展打造"双创"升级版的意见》（国发〔2018〕3号）的进一步落实，职业院校要主动迎接"双创"升级的新目标和新势能，在原有的基础上继续优化双创师资队伍，尤其是参与实践指导的教师数量，提升实践指导教师的指导能力。继续完善双创导师的激励机制，形成一个良性的支持系统，构建学校与行业、专业与企业、教师与企业家、创新创业中心与社会孵化器融合的新生态。有关数据显示，国家多个部委参与创新创业发展。国家发展和改革委员会等四部门联合发布的《关于开展双创示范基地创业就业"校企行"专项行动的通知》（发改办高技〔2020〕310号）明确提出：国资委、人力资源和社会保障部、教育部、发展改革委负责释放一批就业岗位；教育部、国资委、人力资源和社会保障部负责提供一批创业就业导师；国资委、教育部负责发布一批创新创业需求；教育部、国资委、发展改革委、人力资源和社会保障部负责对接一批优秀创业项目；人力资源和社会保障部负责打造一批创业就业服务品牌；发展改革委、教育部、国资委、人力资源和社会保障部负责组织一批成果展示。在整个过程中，双创师资将发挥着重要作用，既要完善双创师资队伍，将其配齐配强，又要将社会行业企业精英请入课堂，参与课堂教学和实践教学，参与职业院校的育人使命，这将积极有效地推动我国教育事业朝着更高更快的方向迈进。但在实践探索中，需要对双创师资队伍发展现状进行分析。

（一）双创师资的数量、结构和实力均有待提升

随着职业院校创新创业教育的不断完善和推进，双创师资这支队伍逐渐地走进人们的视野。这支队伍结构是非常复杂的，有的来自学工队伍、有的来自公共课队伍、有的来自专业课队伍。这些人员汇聚到一起形成了双创师资队伍。但是其数量远远满足不了创新创业教育的需要。《国务院办公厅关于深化高等学校创新创业教育改革的实施意见》（国

办发〔2015〕36号）提出面向全体学生开发开设创新创业课程，将此课程纳入学分管理，形成有影响、有活力、有作为的专门课程群。该实施意见提出了双创师资存在的问题，尤其是在数量上不能满足当前的课程师资需求，师资结构比例严重失调，整体实力进一步提升空间很大。职业院校创新创业师资团队以两类人群居多：一类是年纪偏大的，且在专业调整中迫于转型；另一类是青年教师居多，且多数都是从事学生管理工作，对创新创业涉猎很少。造成这种结构变化的原因有两个方面：一方面，职业院校为了适合区域经济的发展，其专业变化是非常快的，造成了一些专业被淘汰，专业教师被迫转岗；另一方面，青年教师对新鲜事物接受度高，对创新创业教育具有敏感性，能够在创新创业教育中表现出超强的活力。但是年纪大的教师工作有惰性、缺乏激情，青年的教师缺乏实战经验，从而导致创新创业教育工作推进缓慢。因此，师资数量欠缺、结构比例失衡和教学管理能力有待提升，也成为职业院校专业人才培养质量的制约因素。

（二）双创师资管理机制逐渐健全

职业院校的双创师资管理机制日益受到重视，形成了一套完善的制度化的运作机制，其规范化也日益得到完善，双创师资的教学水平也有了不同程度的提高。职业院校也按照国家的有关规定，成立了创新创业学院、创新创业中心或众创空间，依托这些实体来进一步统筹管理双创师资队伍，甚至有的职业院校还制定了双创师资队伍准入门槛，对一些不符合条件的教师进行限制，明确了选拔晋级制度，对双创师资的专业程度、学历水平、教学能力以及培训层次等方面都进行了明确的规定，使得双创师资队伍管理机制逐渐正规化。即便部分职业院校制定了双创师资管理机制，但国内创新创业教育整体形势的差异性，使得各省职业院校的双创师资参差不齐，甚至有的学校降低选聘标准来弥补缺陷，以致制定的双创师资管理机制并没有发挥应有的作用，导致推进效果不佳。

（三）双创师资培训机制逐渐完善

职业院校的学生能否驾驭一个创业项目，能否让这个项目走得快走得远，这跟指导教师是紧密联系的。指导教师仅仅具备先前的知识储备是不够的，这时师资培训就显得更加重要了。目前双创师资培训还没有形成体系，培训架构还不够健全，很多培训也比较随意，有一些官方培训项目主要包括SYB、SIYB、KAB以及一些培训机构、高校组织的研修班。职业院校由于经费的限制、人员数量的限制以及培训类型的限制等，导致教师能力提升的平台有限，不能满足教师的实际需求，使得其能力提升进入了瓶颈。每年开设的培训班次有限，培训数量更是少之又少，这与创新创业教育的实际需求形成了很大的反差，教师成长平台不能满足教师实际需求，以致教师的实践能力难以有明显提高，对学生的实践指导更是微乎其微。目前，一些走在前面的院校尝试分层培训制度，建立科学合理的双创师资培训体系，将双创师资培训纳入学校整个培训计划，对双创知识不断地更新迭代，以满足新时代创新创业教育发展的需要。

（四）双创师资队伍建设与区域经济发展相协调

双创师资在人才培养、劳动力素质提升，乃至区域经济发展等方面都发挥着重要的作用。长此以往，我国职业院校发展与地方经济发展并不是联系很紧密，两者产生的交集很少，尤其是职业院校的双创师资不足和专业性不强，成了社会诟病。这导致双创师资队伍结构不合理、规模不大、实践能力不强，不能与区域经济的发展合拍。大部分双创教师从学校到学校，缺乏创业实践经验，更没有真实项目的指导经验，自然而然地将工作重心放在了理论传授上，只是关注创新意识的培养，创业实践闭口不谈或者谈得很少，很少关注区域经济发展，造成理论与实践严重脱节。因此，建立一支高水平的专兼职双创师资团队，是职业院校助力区域经济发展的一条有效可行的路径。

二、职业院校创新创业教育师资队伍改革的问题

随着毕业生数量逐年增多，毕业生的软实力也越来越多地走进人们的视野，受到人们的关注。这种软实力如何跟上时代的脚步，一直作为一个难题摆在教育者面前。这种软实力可以通过创新创业教育来培养，创新创业可以激发学生的无限潜力。在这种情况下，双创教师发挥着重要的作用，但是这支队伍在创新创业教育中发展举步维艰，反映出来当下的职业院校开展的创新创业教育无法满足社会对于大学生创新创业能力的期许。

（一）教师对创新创业教育的理解过于肤浅，被动传授知识

科技在进步，社会在发展，出现了很多的新型工作岗位，企业岗位对人才的需求也呈现出了多样化的发展，尤其是弥补职业岗位空白的这部分人才，对创新创业教育的需要显得更加迫切。就目前职业院校创新创业教育而言，总是找不到具有自身特色的双创教育，千篇一律，究其原因，主要是创新创业教育在我国发展时间过短，没有既有的模式来学习，最终无论是从高校层面还是教师层面，没有更多的经验可以借鉴，只是停留在肤浅的层次。双创教师大多是"半路出家"，没有系统地学习过创新创业教育，对创新创业知识掌握得也不是很扎实，通常对不同专业采用同样的教学方法和措施。不同的专业，专业优势是不一样的，学生的知识储备是不一样的。因此，对学生开展创新创业教育一定是分专业分层次进行的，要根据专业的特点，激发学生的创新创业潜能。

（二）双创师资队伍缺乏真实创业实践

一支高质量、高水平、高产出的双创师资队伍，对创新创业教育的传播作用是无法估量的，其成果产出也是不可估量的，只有这样才能达到预期的教育效果。但是，现实往往恰恰相反，一部分教师从学校到学校，更有甚者是刚毕业的大学生。这些群体没有创新创业经验，想成为学生的创新创业的引导师实为难上加难。同时现在的职业院校教师讲授的内容更倾向于理论知识，在理论上讲得头头是道，对实践经验却讲得少之又少。究其原因是自己也没有实践过，导致实践和理论没能并轨。如果双创教师没有经历过实践，没有积累经验，往往对学生的创业项目帮助很小，甚至是帮倒忙，导致一些项目误入歧途，这无形中增加了很多创业路上的困难。现阶段的职业院校缺少"双师型"教师是普遍存在的现象，学校的任务更加艰巨，在培养学生的同时，建设双创师资队伍也应是一项常抓不懈的任务。

（三）职业院校校园创业氛围淡薄，创新创业成果单一

双创教育的重点是培养学生的实践动手能力，增强学生的创新思维和创业意识。但是目前阶段，大部分职业院校对学生的培养所使用的教学方式、方法老套，无法实现学生的创新创业目标，束缚了学生的创新思维，使得学生无法挖掘自身潜能。学生在学习了教师讲授的知识之后，由于没有或者很少触碰创新创业实践环节，仍然无法用理论去指导创业实践，最终影响学生的创新创业积极性。产生这种情况原因：一方面是教师自身不具备实践经验，对学生开展的创新创业实践难以进行指导；另一方面是职业院校近几年一直在扩招，学生数量逐年增多，实践教学设备无法满足每一个学生的需求。学生深入企业中或者实践场所少之又少，校园的创新创业氛围没有营造出来，无法感受真实的或趋于真实的创业项目。

在创新创业实践教学过程中，虽然整个教学过程没有离开学校，但是没有营造出真实的创新创业氛围，更没有形成良好的实践育人环境。同时，虽然有一些职业院校建立了创新创业能力实践平台，但是这些平台只是个别学生的展示舞台，并不是每个学生都有展示的机会。学生不能准确有效地评估自己的创新创业能力，也无法判断哪里欠缺，哪里需要完善，这样对学生构建自己的创业自信是非常不利的。学生即便在学校的帮助下组建了创新创业项目，得到了一些资助，但是其支持力度相较而言还是微乎其微的，并不是每个创业项目都能得到资助，成功组建创业团队难度很大。

（四）创新创业教师能力欠缺，帮助学生顺利创业有一定难度

从目前职业院校开设的课程来看，学校基本上是全部专业全覆盖，重视程度空前绝

后。创业管理已经成为一个专业，它作为一门学科，会涉及其他的学科，如投资学、营销学、战略学、财务管理学等。对于创新创业课程而言，这些学科知识的交叉发挥了前所未有的作用，所以对教师的能力要求也是非常高的，不能简单机械地讲授这门课程，而是要将知识转化成能力。双创教师要具备综合能力，除了能够讲授理论知识，还要有一定的实践经验或者企业运营经验。但是仅仅完成这些还是不够的，教师还要具备知识快速迭代更新的能力，将创新创业知识进行转化，同时要掌握教学艺术，达到一定的教学水平，不断激发学生的学习热情，鼓励更多的学生投身创新创业实践中来。学校也可以开展创新创业比赛，或是根据项目痛点组建相应的项目研发团队，让创新创业教师由单一的教师转化成创业咨询师，帮助学生解决创业路上的疑难杂症，使学生能够顺利地完成自己发起的创业项目，但是目前就大学生创业成功率低仍有一些问题亟须解决。

1. 创新创业教师队伍结构构成不合理

目前教师队伍主要由两部分群体组成：一部分是专职教师群体，另一部分是兼职教师群体。正常的结构是专职教师多于兼职教师。事实上恰恰相反，专职教师真正的作用没有发挥出来，只是为了完成任务。双创师资队伍的主力军以兼职教师为主，专职教师为辅。这个群体有来自校内的，也有来自校外的，兼职教师一部分是由公共课教师兼任，还有一部分由招生数量萎缩专业教师兼任，以及由行政岗位没有教学经验的教师或刚来学校的辅导员兼任。这个兼职教师群体的流动性是很大的，非常不稳定，不利于长期围绕创新创业教育开展教学工作。

2. 兼职教师和专职教师的来源复杂

在创新创业教师归口部门会出现交叉，教师队伍来自不同的部门，接受不同部门的管理；校外师资也可以来自不同的领域，不同的单位，很多只是完成一个任务，对创新创业教育开展并不是很重视，也无暇关注创新创业实践。更有甚者，授课时间也很难固定下来，教师流动性非常大，更换授课教师的情况时有发生。企业创新创业导师虽然有一身本领，但是没有接受过正规的训练，不能将自己的亲身经历讲授出来，因此就会出现不连贯的现象。校内的专职教师群体，虽然具备一定的创新创业理论知识，但是缺乏实践，尤其在学生创业过程中遇到"瓶颈"的时候，不能给学生提供有效帮助。

3. 教师科研能力欠缺，成果转化水平有待提高

在师资队伍中，我们对师资队伍的专业进行过调查。调查结果是，很多老师并不像大家想象的那样都是专业科班出身，而是辅导员或行政人员，大多数都是以兼职的身份出

现，专职教师少之太少，自然其专业水平相对较低。同时因为职业院校教师团队中具备高级职称的人少之又少，对科研的驾驭能力欠缺，不能将创新创业的研究成果向科研成果转化。

三、新时代专创融合师资队伍的新要求

（一）双创教育需要提升教师创新思维

随着"互联网+双创"的逐渐深入，创新创业主体的范畴逐渐增大，他们以科学家、职业经理人和风险投资人等高端人才为时代引领，以成功的企业家、连续的创业者等高水平的创业群体为核心，以对大学生的能力培养为内核，激发了创新创业主体的活力，这样对创新创业教育提出了更高的要求。其发展既要与地方经济发展相匹配，又要与职业院校推崇的工学结合、校企合作相适应，形成一条具有新时代特色的创新创业教育之路。作为双创教育的知识传播者，教师应不断地提升创新思维，创新教学模式，把握市场信息的前沿动态，并不断地吸收先进技术，注重创新成果的转化，不断地进行自我革新，由之前的"传道授业解惑"的职业定位，逐渐转化成创新思维的引领者、创业知识的传播者以及创业实践的践行者。教师要不断引领大学生强化专业技能，紧贴市场行业变化，力争将创新创业理念传递给每一位学生，使学生的创新思维逐渐打开，重塑创业人格。在教学过程中不断地强化实践，突出以学生为教学主体，以问题为导向，不断地对学生从理论到实践进行反复训练，用实践去验证理论，进一步提升思维转化能力，有效促进学生学习成果的转化，从而在师生之间形成"创业项目共同体"。

（二）双创文化需要加强教师队伍建设

新一轮科技浪潮的影响、产业不断转型升级，加速了社会演进的速度。尤其是多学科交叉，多技术融合，其新的应用场景被营造出来，新的商业模式也是层出不穷，全球经济发展格局也发生了翻天覆地的变化。创新创业文化的营造也发挥着重要的作用，这对双创教师队伍提出了新的挑战。要让所有参与创新创业学习的成员不断地认可并积极地参与建设，朝着同一方向不断地发力，凝聚最强新势能。但是职业院校创新创业教育发展受到了种种限制，包括场地资源限制、师资能力限制等，表现出来的是在创业项目的孵化上支持力度显得微乎其微。很多职业院校的创业项目散落在校园的各个角落，不能形成很好的凝聚效果，也不利于创新创业文化的聚合和传播。双创教师作为学校开展创新创业的中流砥柱，不断地整合方方面面的资源，不断地营造良好的创业氛围，将创新创业文化不断地传承下去。在学校层面，要进行顶层设计，学校的各项创新创业活动开展，都要将创新创业

理念贯穿其中，双创教师扮演着一个重要的角色；在学生层面，要进行具体实施，双创教育不仅帮助学生树立正确的价值观，还合理地处理了个人利益和社会利益。因此，双创教师在注重双创教育导向的同时，要重点强调"商德"文化思想，帮助学生及时树立商业伦理观，形成符合职业道德规范的行为准则，创建师生认可的校园创新创业文化。

（三）双创实践需要教师引领

职业院校的专业设置有一定的局限性，调整专业的速度甚至快过社会需求速度，导致一些专业不能沉淀下来。教师一直在上新课或者转型的路上，再加上学生在校学习知识的时间很短暂，在很大程度上并不能做到将创业知识用到实践上来，导致创业的失败率很高。我国的创新创业发展趋势也呈现出多元化，创新创业的热点领域朝着前沿产业、跨界融合以及基础研究领域发力，从而催生出了创新创业新业态。双创教育要始终坚持以学生为中心，作为先进的教育理念去引领专业发展，鼓励学生积极参与创新创业实践活动，双创教师黏稠剂的作用要发挥到位，通过创新创业实践活动来反哺创新创业理论，探索新形势的教学改革道路。

（四）双创服务呈现专业化、综合化

双创发展需要依托平台来进行展示，专业化的创新创业机构发挥着重要的作用，该机构由高校、创业、研究机构等创新主体组成，使得创新创业实践更符合发展规律，朝着校企研一体化发展。职业院校在设立专业的创新创业基地或中心的时候，可以聚焦社会最优化的资源，实现师资、技术、设施的共享，为创新创业师资赋能，为学生激发潜能发挥重要的作用。除了提供的服务专业化外，其综合化也是一种趋势。第一，围绕企业产业链条的变化，建立不同主体融合的创新创业服务平台，通过平台服务为创业者加油助力，形成一条资源共享、培训辅导、联合研发、成果孵化等创新型服务模式，积极地促进创新创业成果落地转化。第二，平台的服务手段呈现综合化趋势。由于创新创业平台市场化程度越来越高，运行机制也越来越完善，平台提供的服务为创业者保驾护航，与创业实践无缝对接，紧扣区域经济发展，为创业者提供更加优质的服务。适时考虑引入风险投资机构，使其作为参与主体，发挥重要的作用，形成稳定完善的综合金融服务保障体系，为创业者的资金问题排忧解难。

四、专创融合师资队伍建设体系构建

（一）专创融合师资队伍选拔

明确职业院校创新创业行业导师的评聘条件。教育部办公厅《关于建设全国万名优

秀创新创业导师人才库的通知》（教高厅函〔2016〕90号）明确了创新创业导师的选拔条件、资历架构等。创新创业导师，顾名思义是指在高校为学生的创新创业提供指导的教师群体。教师可以来自各个行业，这个群体依托行业，实战经验丰富，但是一般不具备教师资格；也可以来自高校，这个群体有着丰富的理论知识，也具备教师资格。无论来自哪个群体，教育部都做出了明确的规定，既对理论水平提出了要求，又对实践经验提出了更高的要求，并对其作用进行了规范，旨在集聚优质师资力量，共享导师资源，将普通的指导教师变成指导师，切实发挥指导帮扶作用，提高创新创业教育的实效性，意在提升大学生创新创业实践能力，努力为国家创新发展提供生力军。

为充实职业院校创新创业教育的师资力量，对行业企业专家可以担任专业课、创新创业课程的教师和指导师的需求越来越迫切。随着"全国万名优秀创新创业导师人才库"的组建，4492人入选，成为首批的入库导师，这个导师库的导师来自各行各业以及本科院校，职业院校没有一个人入选。当前，职业院校的创新创业指导教师兼职队伍来自行业企业的很少，这也成为制约职业院校创新创业教育实践能力提升的关键要素。职业院校引入行业企业指导师应该具备以下三个基本条件。

1. 强劲的创业能力

具有丰富的创业阅历，在某个领域独当一面，是职业院校遴选行业企业指导教师的首选条件。面对职业院校创新创业成果少的尴尬局面，创新创业指导师似乎无法解决这个问题，主要原因是缺乏企业实战经验，并没有真正参与企业运营，更多的是纸上谈兵，因此引入行业企业指导师的主要目的是解决实践性不足的问题。从目前职业院校开展的创新创业教育来看，虽然有一定的理论支撑，但是实践经验传授偏少。行业指导师恰好弥补这方面的不足，他们有着丰富的创业经历，既丰富了自身的创业财富，又为大学生开展创新创业教育提供了"源头之水"。

2. 一定的教育情怀

职业院校在遴选行业指导教师时，对教育情怀的考察一定要纳入考量指标。一个有教育情怀的人才能将教育落实到位。再者对其教育能力做进一步的考察，确认其是否具备了相应的能力。行业企业指导师有着丰富的创业阅历，恰好弥补职业院校创新创业教师的短板，行业企业指导师的加盟，使两个群体能够进一步融合，将理论与实践贯穿到双创教育的整个过程中，实现职业院校的教育目标。

3. 丰富的行业经历

《国家职业教育改革实施方案》（国发〔2019〕4号）明确提出了"具有3年以上企业工作经历并具有高职以上学历"的标准，这为丰富创新创业导师队伍提供了有力的支撑。

创新创业教育的开展要改变以往的只在教室授课的模式，可以大胆地在行业企业中进行实践。职业院校在引入行业指导师时，不能简单地停留在讲授创新创业课程，或者通过一个讲座进行"传道授业解惑"，更要注重在行业企业中发挥作用，充分利用行业指导师的企业经历和企业资源，有效地促进成果的孵化速度。这个群体既有丰富的实践经验，又有着丰富的人脉，可以帮助学生在创新创业的路上解决部分场地、资金等问题，呈现出来的效果是非常明显的。考虑到职业院校编制的限制，引入的创新创业行业指导师聘用的机制是非常灵活的，既可以是兼职形式，又可以是招聘方式。从而保证指导师队伍的"双师"能力与素养不断提升。

（二）细分创新创业导师层级，优化师资队伍成长路径

根据创新创业项目发展轨迹，对创新创业导师能力要求也是不一样的。因此，对创新创业导师进行细分，优化师资队伍培养路径，打造一支由一阶创意激发型导师、二阶创新探索型导师、三阶创业实践型导师和四阶创造成长型导师组成的专兼搭配、校企深度融合的四阶创新创业师资团队。

1．一阶创意激发型导师

创意是创业的第一个阶段，没有好的创意，一切都是零。因此创意激发是非常重要的，学生的创意是否激发出来，跟一阶创意激发型导师是密不可分的。创意激发型导师具有批判能力、民主愉悦、实践本位等特征，能够在双创教学、科研过程中激发学生的创意潜能，使其勇于探索未知世界。

2．二阶创新探索型导师

创新是创意阶段的延续，是职业院校开展创新创业教育的灵魂，也为职业院校可持续发展提供源源不断的动力。二阶创新探索型导师能够在创新创业教学、教研科研与创业实践中来回切换，运用自如，根据行业企业的发展需求，引领学生围绕需求开展知识创新，并运用理论在技术创新实践检验，将创意转化为作品并进行落地，促进专创融合。

3．三阶创业实践型导师

创业是创新的落脚点，是职业院校开展创新创业的高阶能力体现。三阶创业实践型导师兼具校外和校内导师双重属性，他们可能是来自企业一线技术人员、企业高管等，具有丰富的一线实践能力，能够对复杂性、高风险的创业实践环境进行独到的商业分析，为下一步寻找商业机会或对学生的创业项目及时进行纠偏，对学生项目提供个性化指导，并长期跟踪和耐心陪伴，如同"定海神针"为学生的创业项目保驾护航，实现以创业带动就业。

4.四阶创造成长型导师

创业的终极目标就是创造，创造是一个漫长的过程，少则几年，多则几十年，这个阶段凸显了四阶创造成长型导师的价值。四阶创造成长型导师不仅仅停留在关注校内项目，而且长期关注学生的创业项目，在实践中发挥着"黏合剂"的作用，紧紧地围绕着这个项目，开展一系列的跟踪，助推创业项目实现既定的愿景，助力学生创业项目，搏击商海，为人类的发展创造无限可能。

（三）提升创新创业行业指导师的培养质量

职业院校为更好地将创新创业知识传授给学生，发挥行业指导师的重要作用，根据国家的标准，结合职业院校实际情况，进一步明确遴选条件、选聘方式以及聘用待遇，分层、分批次地选聘一批行业企业指导师，并进行相关领域的培训，制定周密的培训计划，建立培训内容项目库。培训内容主要以行业企业指导师教学能力、育人效果、实践能力为主，采取行业企业指导师缺什么补什么的原则，灵活开展培训，从而提升教学能力。

1.帮助行业指导师树立教学观念

企业的创新创业与学校的创新创业是两种性质：一种追求的是经济行为；另一种追求的是育人效果。行业企业指导师长期在行业产业内摸爬滚打，以营利为导向，对市场机会的嗅觉较为敏感，这恰恰是职业院校的创新创业项目缺乏的。两者既可以兼容，也需要进行引导和规范。在进行创新创业行业指导师培训时，首先明确立德树人的人才培养理念。只有这样，才能端正学生开展创新创业的动机，引导学生树立家国情怀。在创造经济价值的前提下，还要考虑社会效益。在行业指导师培训内容设计模块中，增加企业社会责任、师德师风专题，帮助行业指导师树立正确的教育理念。

2.协助行业指导师优化教学内容

行业指导师有着先天的优势，与职业院校教师形成鲜明的对比，是一种稀缺的教学资源。教学内容围绕着教学目标开展，行业指导师对教学内容引入新理念并进行迭代升级。可以将行业指导师与校内专职教师混编成组，甚至根据课程内容进行分阶段讲授，发挥行业指导师的最大价值。就具体操作而言，可以根据课程的整体教学设计，或者围绕教材的项目内容，不断地完善和优化教学内容。在整理教学内容的过程中，职业院校的两类教师之间要进行相互切磋，彼此增进了解，不断地提高创新创业教育教学质量。

3.推动行业指导师优化教学方法

职业院校吸纳创新创业行业指导师，将从源头上改变职业院校创新创业课程重理论轻实践的局面。职业院校可以结合创新创业教育的相关内容，将行业指导师的创业经历以不同的形式呈现出来，例如案例、情景、角色等。采用案例教学法，通过真实的表现方式，让学生对案例研究更有兴趣。将学生带入真实的场地，打破以往只在教室开展教学的局限，将课堂搬到创业企业，通过现场讲解，增强学生对创业项目的理解。

（四）合理规划发展路径，提高双创师资能力素质

1.整合先进教育资源，提升教师创新创造力

国外的创新创业教育相比我国早了几十年，产生了创新创业教育的几大流派。美国、英国、以色列、日本都有较为完善的创新创业体系，有着丰富的创新创业教育资源。我们可以整合国外先进的创新创业教育资源，引进先进的教育模式和教育方法，对创新创业教师的创新创业能力进行迭代升级。建立开放包容的国内外一体化互动平台，组建一支既有影响力又有号召力的师资团队梯队，强化带动力、影响力以及辐射力，提高行业企业和教师的参与热情和积极性，不断壮大创新创业师资团队。

2.开展精益创业培训，提升教师创新创业教学力

精益创业的核心理念是"最小化可行产品"，它提倡企业进行"验证性学习"。建立"目标用户—小范围测试—反馈修改—产品迭代—获得核心认知—高速增长"体系，可以帮助企业深入了解客户和消费者。职业院校的教育属于接地气的教育，因此，创新创业教师要进行精益创业培训。在分季度和分批次组织教师参加各级各类培训的时候，有意识地关注精益创业体系，梳理精益创业课程的内容、方法、步骤、技巧等，采用情景模拟与角色互换方式，让创新创业教师融入真实的创新创业教育情境中。

3.采用真实项目驱动，提升教师创业实践力

创新创业教育要真正落地，开展真实创业项目是非常有必要的。一个创业项目的开展过程包括创新思维开发、寻找商业机会、打造项目优势、锁定目标市场、选择竞争方法、制定营销策略、落地创业成果。以项目驱动的方式，提升教师参与项目的实践技能、丰富项目的指导经验。根据国家的一些创新创业大赛赛事，如"互联网+""创青春""挑战杯"等，实现以赛促创、以创促练、以练促学，师生共同成长进步，共同提升创新创业项目实践驾驭能力。

4.结合产教融合政策，提升教师教研科研转化力

国家六部委发布的《国家产教融合建设试点实施方案》（发改社会〔2019〕1558号）明确提出，分两批试点，布局50个左右产教融合城市，支持高职院校等各类院校积极服务、深度融入区域和产业发展，推进产教融合创新。因此，建立校企合作的"创新创业教育研究中心—系部联动的跨学科项目组—项目落地推广中心"三级联动体系，组织校企双

方教师共同参与到项目的教研科研中来，通过不断试错，将创业项目成果落地，探索职业院校创新创业人才培养的有效路径，加快教研科研成果转化速度，服务区域社会经济发展。同时，教师的教研科研能力也在无形中得到了提升。

5. 学会自我鞭策，提升教师自我发展成长力

教师作为创新创业教育的授课主体，应全心投入创新创业教育，加强校内外的交流与合作，不断地突破自我。宽松的成长环境是必要的，结合教师专业特色以及职业生涯规划，完善相关的激励机制，一切根据教师的实际需求进行引导，将教师能力提升作为一项长期的工作来抓，为其顺利开展教学、科研提供支持，结合教师的个人职业发展为其助力。要实现上述内容，组织保障、资金保障、制度保障等一样也不能少，为创新创业师资保驾护航，力争培养出更多的新时代跨国视野的双创教育人才。

五、专创融合师资队伍建设路径

（一）加强顶层设计，完善创新创业师资队伍建设的长效机制

创新创业教育是国家的发展战略，职业院校要高度重视创新创业，并以满腔的热情投入创新创业教育工作中来。深化创新创业教育改革是职业教育改革的突破口，打造高水平的创新创业师资队伍也是落实"人才强校"战略的重要内容之一。职业院校要根据自身特点，制定科学合理的创新创业师资队伍的发展规划，建立师资队伍长效机制，并将创新创业教育理念融入各专业人才培养方案中。第一，坚持理念先行，将系统、复杂且不定向的创新创业进行分解，以跨学科、综合性、操作性为特点，把握相应的知识逻辑结构体系，化繁为简，使师资队伍用理论武装头脑。第二，明确师资队伍角色，将创新创业师资队伍建设以章程和发展规划等文件形式呈现出来，建立沟通协调机制，引起学校各个部门对创新创业的重视，保障创新创业师资队伍的建设与管理。第三，强化责任意识，创新创业教师的参与意识要不断地增强，依托创新创业实践对创新创业知识进行重构；学会跨界融合，将多学科内容进行交叉融合；采用交互式的教学方式，将知识与市场相结合，不断地进行资源转化，使创新创业教师在创业项目中发挥重要的作用。按照双师型、咨询型、实践型等进行分类，在具体教师培养目标的指引下，科学制定师资成长计划。

（二）坚持走出去引进来，组建结构合理、数量充足的高水平创新创业师资团队

创新创业教育是多学科交融的产物，具有跨界性。只有坚持走出去引进来，引进社会力量，统筹全方位资源，并进行资源嫁接，才能符合"双创"升级版的人才培养要求。

职业院校应根据国家创新创业教育发展规划要求，将师生比优化到符合标准。因此要考虑在校生人数以及创业师资团队的能力水平。使本校教师走出去，学习先进的实操经验，建立一支社会经验丰富的校内创新创业师资队伍；引入校外导师，将创业经验传授给学生。这支由校内外组成的创新创业师资队伍，既兼顾了理论又兼顾了实践，由之前的只注重理论，逐渐地变为以实践能力为导向。尤其是在校外师资选拔上，一定要结合学校的发展定位，与区域重点发展的产业结合，建立行业企业沟通协调制度，制定灵活的师资选拔制度，围绕真实的项目需求，邀请有丰富创业经验的校外专家充实创新创业师资库，并参与创新创业课程的整体教学设计、项目规划与指导，通过激励机制，增加企业师资参与的活跃度以及项目指导质量。职业院校要打破以往故步自封的局面，加强与外校创新创业师资的交流，统筹规划资源，打破校与校的界限，实现优势资源互补。针对不同层阶的创业学生，构建不同层阶的师资队伍，保障学校创新创业教育科学合理地发展。

（三）强化学习意识，营造形式多样的创新创业师资培训氛围

创新创业工作紧跟时代潮流，"互联网+"、云计算、大数据的快速发展，为创新创业教育丰富了内容，增加了挑战。创新创业教师面临这种形式，既要了解掌握科技前沿内容、紧跟行业发展趋势、洞察社会发展态势，又要将最新的动向传授给学生。因此，创新创业教师要树立终身学习的目标，不断地更新知识储备，学会融会贯通，建立形式多样的双创师资培养晋级体系，打破教师成长瓶颈，有效地促进教师对项目陪伴式成长。师资培养晋级体系包括岗前培训和岗后培训两阶段。岗前培养是通过丰富多样的培训形式，更新教师的创新创业理念，深入到企业一线，真实体验岗位工作，增加创新创业体验，加强实践经验的积累与检验，不断地提升实践能力，这样可以更好地让教学思维脑洞大开，增强教师的课堂驾驭能力和教学水平。岗后培训主要是拓展培训渠道，在产教融合、校企合作、现代学徒制的大背景下，加大"双师型"师资团队培训力度，定期聘请领域内的知名专家学者、成功企业人士走进培训课堂，通过创新创业专题的形式，促进创新创业教师快速更新知识。打通政校企行，建立创业生态，以创新创业教育中心或创业园等机构为载体，不断提升创新创业教师的水平。

（四）营造创新创业生态，提升创新创业师资队伍服务社会经济能力

政校企行合作是职业院校推动创新创业教育质量提升、服务地方经济的有效路径。职业院校应与政府、行业、企业建立制度化的长效合作机制，有效整合各方力量的师资，力求在师资培训、专业融合、产业转化、投资融资、创业辅导等方面有所突破，营造良好的创新创业生态。职业院校要承担主体责任，各级政府、行业协会为师资队伍建设和发展

提供有力保障，政校企行合力推进创新创业师资能力提升。产教融合是提升职业院校创新创业师资队伍建设的有效方式，直接瞄准了创新创业人才培养痛点，以产教融合为抓手，全程渗透创新创业理念。创新创业师资培养要紧贴区域发展，缺什么补什么，根据区域市场变化，支持鼓励教师开展创业实践，打造"教师+""学生+""项目+"等各种教学模式，满足区域重点产业发展需要，服务中小企业发展。

（五）完善职业院校创新创业行业教师的考核评价机制

鉴于创新创业行业指导教师的"双栖"属性，职业院校应该本着为地方经济出力的理念，采取灵活多样的师资考核办法，促进行业教师的可持续发展机制形成。

1.单设考核评价指标

从双创教师人员构成上看，职业院校的创新创业教师有在编职工和招聘职工两类。随着创新创业的进一步高度融合，我国出现了外聘兼职教师。无论采用入编管理还是企业管理，都存在着一定的难度，因为他们本身所在的企业发放薪酬，同时他们还在学校承担一定的教学任务。这类教师主要来自企业的能工巧匠，对学生实践有着丰富的指导经验，而创新创业教育又偏向理论，对外聘兼课教师按照课时量进行考核是不合适的。因此，有必要结合学校的实际情况单独制定职业院校行业指导教师考核评价办法，有针对性地进行管理探索。设置相应的单列考核指标，对创新创业指导教师进行单独考核，尤其是将指导创业项目数量、质量以及课外教学工作量等全部纳入。合理确定考核评价指标，用制度来约束和提高行业指导教师参加职业院校创新创业项目的积极性。项目团队以项目为载体，根据行业指导教师考核评价指标，进行任务分解，将承担指导项目数、开设专题数等作为考核指标；结合要实现的创新创业教育的质量目标，还应制定突破性指标，如创业成活率等指标，实时监测学生创业效果，保证创业项目不走样。

2.短期长期相结合评价

参照职业院校教师的一般考核，短期评价主要以学年为节点进行考核，对职业院校行业指导师、项目、项目团队也以学年的形式进行短期考核评价，并且追踪创新创业教育的长期效果。基于这一点，职业院校应从长远考虑创新创业教育质量，进行长期效果评估。长期评估周期一般设置在五年或者以上，将完成课时量、开设专题讲座数、指导创业项目数、指导创业项目时长、学生创业率、创业成活率等指标全部纳入并进行考核。完成课时量的评价，是指创新创业校内教师承担的课程任务以及完成的情况。开设专题讲座数的评价，在对数量进行考核的同时，也要考虑与项目的关联度。不仅要将专题效果满意度等作为二级指标，也要对开设质量进行考核，以此来提升教师的教学效果。指导创业项目时长的评价，主要针对指导教师花在指导项目上的时间，通过指导效果与时间的关系来判断。学生创业率的评价，通过在教师的指导下，学生的创业意愿提高程度以及真正参与到创业中的情况来确定。创业成活率的评价要追踪到五年或者更长时间来对这个创业项目成活进行考量。因为职业院校的学生在校学习三年，这个项目成功与否不能定格到校内，而是要将视野放得更宽一些。

总之，职业院校创新创业师资队伍建设是一项长期的系统工程，为区域经济发展输送创新创业人才不仅是职业院校的责任，也是双创教师的使命。在"双创"升级版的指引下，组建数量充足、结构合理、专兼结合的高水平师资队伍是必然趋势。在政校行企合作的大背景下，师资培训、内容优化、管理制度、考评机制不断完善，引进更多的企业家、行业专家加入创新创业教师团队，形成一支合理的专兼职双创师资队伍，培养更多的创新创业人才，为区域经济快速发展贡献力量。

第三节　创新创业服务平台建设

创新创业服务平台在我国的探索实践，为我国职业教育的高质量发展提供了一条新的路径。国家对创新创业服务平台建设的重视也到了前所未有的高度。最早追溯到《国务院办公厅关于深化高等学校创新创业教育改革的实施意见》（国办发〔2015〕36号），提出了实践平台短缺，明确了加强专业实验室、虚拟仿真实验室、创业实验室和训练中心建设，促进实验教学平台共享。《国务院办公厅关于进一步支持大学生创新创业的指导意见》（国办发〔2021〕35号），提出了加强大学生创新创业服务平台建设。由此可以看出，高等职业教育逐渐成为象征国家实力和国家社会总体发展水平的标志之一。我国创新创业服务平台的发展也面临着前所未有的压力，如何提升其质量，也是教育管理者和实践者面临的一场大考。

一、创新创业服务平台高质量发展的要素框架

教育的根本任务是立德树人，把立德树人成效作为创新创业服务平台人才培养质量的准绳。高职创新创业服务平台高质量发展的要素框架以培养学生的发展性素质为核心，明确学生的发展标准。创新创业服务平台最内圆环是专业设置、课程内容、教学过程、学历证书以及职业技能等内容，确定创新创业服务平台承受的育人质量标准，被称为内适性标

准；最外圆环是产业需求、职业标准、生产过程、资格证书以及终身学习等内容，被称为外适性标准。因此，内适性标准与外适性标准是评判高职创新创业服务平台高低的两个重要标准。前者属于预设性质量，后者属于检验性质量。只有两者相互验证，才能使发展性素质目标得到充分实现。

（一）发展性是高质量发展目标的基本维度

发展性是一种新的高等教育发展观和高等教育质量评价观。高职创新创业服务平台的质量以"发展性"为基本维度，犹如工业质量管理中的产品"耐用性"质量。学生在创新创业服务平台通过习得技能提升自己，促进可持续发展。

1. 创新创业服务平台需要发展性

发展性是创新创业服务平台的内在源泉，其具体表现是培养学生高水平的综合素质。随着"大智移云"时代的发展，劳动力的质量总是不能满足社会需求。创新创业服务平台要顺应社会发展需要，培养学生的"发展性素质"，好的教育质量不仅能让学生健全地生活，而且能很好地工作，这种素质将伴随一生。现代社会已经步入数字经济的时代，数字学习已经到来，创新创业服务平台要拥抱发展。

2. 现代学习者需要发展性

学习者必须学会学习，即便是学校中教师不学习也会出现技能瓶颈，不能传授学生与时俱进的技能，也无法教给学生有用的知识。学习者对学习内容量身定做，并能独立地进行思考和知识自我转化，才能适应现代学习者的要求。

3. 社会组织需要发展性

社会组织的发展性能力决定了新陈代谢的速度。一个组织以消极的态度参与社会贡献，就不能设定更高目标，否则就会面临被淘汰出局的风险。总之，培养组织发展性是创新创业服务平台对高科技时代社会要求的回应，也体现了对人类命运共同体的真正关切。

（二）内适性标准是高质量发展的内在依据

1. 专业设置高站位

2021年1月，教育部办公厅印发的《本科层次职业教育专业设置管理办法（试行）》（教职成厅〔2021〕1号）通知第三条提出"本科层次职业教育专业设置应体现职业教育类型特点"。专业设置要紧贴区域经济需求，顺应新一轮科技革命和产业变革，研判产业结构和劳动力就业现状，分析劳动力市场人才需求，确定专业设置。行业企业参与专业设置，增强专业的适应性，为创新创业服务平台人才培养模式的实施，从源头上奠定基础。

打通技工院校与职业院校、应用型高校和职业高校的人才培养通道，实现职业教育中高本硕博贯通的专业体系。

2.教学过程高效率

创新创业服务平台教学是根据特定职业需求进行知识和技能传授。在教学过程中，还要注重与职业相关的思维训练，培育学生家国情怀、工匠精神等人文素质，这既与职业岗位相适，又与职业人健全人格相配。教学过程高效率表现不单表现在学科教学，也表现在活动教学，按照企业生产流程和生产程序组织教学。在实践实训实习方面有着特殊要求，更强调实践性、技术性和职业性，这也是创新创业服务平台的显著特征。引进行业企业导师，对教学内容进行建设，并参与教学全过程。

3.课程内容高品质

课程内容是创新创业服务平台的灵魂。创新创业服务平台的课程内容要体现出职业性，将课程内容与企业工作内容、技能学习和操作能力、显性知识和隐性知识融为一体，培养懂技能、会管理的人才队伍。教学内容以学期为单位进行内容更新，捕捉新技术、新业态动向，加快新课程、新内容的迭代速度，将新技术产业转化的衰减速度降到最低。注重企业真实项目利用和虚拟仿真项目开发，以项目制、任务单、情景串等方法进行内容前后贯通，实现学生的技术和技能的有机融合，促进学生朝着更加卓越和个性化的方向发展。

4.学历证书高标准

学历证书是学习成果的一种检验方式。学历证书也是国家推行1+X证书制度的"1"。为了进一步发挥学历证书的引导作用，创新创业服务平台发挥着重要作用。创新创业服务平台人才培养方案聚焦产业，优化课程设置和教学内容，通过系统的技能训练，不断培养学生的想象力，实现学历教育与职业培训的有机融合。利用"学分银行"，消除职业教育与普通教育的隔阂，打通职业教育中职、高职、本科、研究生、博士的学历晋升通道，实现学习成果积累和转换，提高高等职业教育学历证书的含金量。

5.职业技能高水平

职业技能是创新创业服务平台的"看家本领"。专业化职业岗位要求学生具备职业人所要求的职业技能。职业技能体现在专业化教学过程中，按照职业标准，不断地调整职业技能内容，创新教学模式，将职业技能标准渗透到课程标准、教学大纲，甚至是教学环节中，为学生提供未来职业社会所需要的各种可迁移技能和终身学习能力。学生职业技能提升，高质量就业，职业教育在人们心目中的位置自然提高。

（三）外适性标准是高质量发展的外在保障

1.产业需求新趋势

面对新技术革命带来的产业升级和经济转型，创新创业服务平台坚持需求导向，侧重于国家倡导的先进制造、新能源、人工智能等方向，迎合产业结构出现高级化和融合趋势，通过政策激励和约束来引导企业参与产教融合、校企合作。随着创新创业服务平台的日益兴盛和强大，借助职普融通的趋势，将更加促进技术科学的发展和繁荣，进一步打破技术技能边界、职业空间边界，加快推进劳动密集型产业向知识和技术密集型产业转型。同时对新技术影响的工作业态变迁、形态变换趋势进行推演，形成职业教育与产业界需求的调适机制。

2.职业标准新要求

创新创业服务平台的发展离不开标准体系的构建，借鉴国际先进的职业教育经验，通过法律和制度来鼓励行业企业共同研制具有中国特色、世界水准以及国际认可的职业教育质量标准体系。对标高端的产业，加快研制学校设置标准、教师和校长标准、师资队伍标准、信息化建设标准、专业和教学标准、安全设施标准、顶岗实习标准、课程标准、实训条件建设标准、教学教材标准、"1+X"证书标准等。通过高起点布局、进行高标准建设、形成高质量发展，充分发挥创新创业服务平台在现代职业教育体系建设和完善中的地位与价值。

3.生产过程新诉求

高职院校同区域企业、产业联系紧密度不够，技术技能人才社会地位不高，待遇相对较低，以至于社会对职业教育的认可度不高。随着人工智能应用越来越广泛，企业的智能化程度越来越高，对技术人员的能力要求也发生了实质性变化。高职院校要深度融入区域经济发展，对企业生产流程再造，着眼于整个生产过程，利用专业知识，采用精益生产消除传统的技术带来的浪费，助力产业发展竞争能力，服务区域经济社会发展。

4.职业资格新挑战

职业资格证书是表明劳动者在经济领域和生产活动中从事某一职业所必备的专业知识和职业技能的效力证明。2016年，国务院分三批对职业资格许可证进行取消，2021年对2017年确定的《国家职业资格目录》再次进行调整。引导职业资格证书合理有序发展。2019年，教育部等四部门联合发布《关于在院校实施"学历证书+若干职业技能等级证书"制度试点方案》（教职成〔2019〕6号），部署1+X证书试点工作，明确"X"。如何实现"两制互动""双证沟通"是职业教育要解决的问题。职业资格证书与职业技能等级证书进行有效衔接，实现"模块化"的培养计划，根据创新创业服务平台岗位的实际需要，灵活调整证书培训内容，确保职业资格与职业技能鉴定内容相统一。

5.终身学习新需要

信息技术也改变了传统的学习方式。受教育者不能只满足于学校教育，不会学习、不能更新知识的人注定要被社会淘汰。因此，职业教育的学习也不是一朝一夕、一劳永逸的事情。高职教育不是单纯地让受教育者在学校接受教育拿到毕业证书就算终止了，这只能是一个学习阶段的结束、另一个学习阶段的开始。学习将成为一个终身的过程，创新创业服务平台承担毕业生的职业技能提升任务。受教育者须处理好学会学习和终身学习的关系，它既关乎受教育者个人未来的发展、成长，又关乎创新创业服务平台的发展和前途。终身学习将制度化教育转变为个性化教育，将学校化教育转变为社会化教育，它能够保证受教育者的个性发展和自我实现。

二、高职院校创新创业服务平台高质量发展的价值遵循

创新创业服务平台质量在某些方面是难以评估的。因为创新创业服务平台的"最终产品"与其他行业的产品是完全不一样的，以整体性治理作为创新创业服务平台高质量发展的价值遵循，确保人才培养质量符合标准和规格。

（一）树立正确的价值观：创新创业服务平台高质量发展的政策性价值导向

加强党在创新创业服务平台高质量发展的绝对领导，发挥创新创业服务平台党组织的战斗堡垒作用，确保创新创业服务平台正确的办学方向。创新创业服务平台的根本任务是为国育人，为党育才。作为一种精神活动，其正确的价值观尤为重要。所谓价值，是人们对客观事物的主观认识。因为人们认知的差异性，对同一事物的看法和要求千差万别，所以价值观也因人而异，它既有着眼于当前要求的功利价值观，也有着眼于未来的理想价值观。在今天，从价值冲突到价值融合要经历一个漫长的过程，对创新创业服务平台管理者是一项严峻的考验，及时准确地预测未来发展趋势，形成创新创业服务平台的育人价值体系。深化政校行企社合作，提高高职院校与区域产业的紧密度。各级政府部门深化"放管服"改革，向"管理服务"过渡，成为创新创业服务平台发展的"设计师"。

因此，创新创业服务平台高质量发展必须从系统的质量管理出发，将党建工作纳入职业院校综合考核，帮助师生树立正确的价值观。成立职业教育党建联盟，充分发挥示范引领作用。按照国家的要求对创新创业服务平台学生施加教育，努力实现校企双方利益最大化。

（二）提高教育教学质量：创新创业服务平台高质量发展的适应性价值意蕴

创新创业服务平台的根本任务是育人，培养出更多的高素质技术技能人才，促进区域产业发展。而这一成果的实现要通过国家顶层设计，学校管理者、广大教师和优秀企业家的辛勤付出，没有高素质的校长、教师和企业家的参与就没有高质量的学生。可见，创新创业服务平台教育质量是围绕学生培养质量而形成的质量链：国家的质量即标准（保证国家标准的质量）—省教育行政部门质量（保证国家政策落地质量）—高职院校的教育质量（保证学校管理工作的质量）—教师的质量（保证教学工作的质量）—企业的质量（保证创新创业服务平台的质量）—人才培养的质量。人才培养质量工作可以分解出众多质量指标，但这些指标背后都是人的质量问题。创新创业服务平台发展要努力满足不同地区和不同业态对技术技能人才的差异化需求。

创新创业服务平台育人的质量目标归根结底是对公众的利益要求的反映，因为公众诉求的多样性，所以创新创业服务平台教育是立体结构。创新创业服务平台教育要与国家发展战略、人的全面发展相适应，瞄准科技变革和产业优化升级，促进教育链、人才链、产业链和创新链"四链"有机衔接。杜威曾说，教育要促进人的全面发展，实现人的自我价值。人的全面发展，职业教育与普通教育承担的任务是不一样的，普通教育对人的发展通过通识教育达到心智开化的作用，职业教育对人的发展通过促进职业能力的可持续发展实现人的全面可持续发展。因此，创新创业服务平台是职业教育的有力抓手。

（三）培养学生个性化素质：创新创业服务平台高质量发展的创造性价值意旨

创新创业服务平台在培养一个个成长中的学生，学生对企业的认可度和选择企业的岗位意愿度决定了企业的成长速度。学生的成长特点以及产业结构的不断变化，形成了创新创业服务平台发展的复杂性，而这种复杂性对创新创业服务平台高质量发展提出了挑战，即如何处理好学生素质培养的共性和个性相统一问题。对同一类型创新创业服务平台而言，只有建立一个基本的、明确的、统一的人才培养体系，才能保证创新创业服务平台的人才培养质量。缺少科学的人才培养体系，就会导致各个创新创业服务平台自行其是，必然会出现培养质量参差不齐，甚至与社会各方面基本要求相违背。只有人才培养质量标准统一，才有利于教职工和学生明确自己的目标和方向。虽然人才培养质量标准统一，但是并不意味着用一个模子雕刻所有的学生，也要尊重创新创业服务平台的个性化发展。创新创业服务平台要挖掘与培养学生的深层质量。深层质量是指那些隐性、难以衡量而又对其学生持续发展起着关键作用的素质，如承受困难与灾害的心理能力等。这些素质属于"耐用性"素质，在个人发展中起到了决定性作用，但因为其表现模糊、难以衡量，被关注度相对较低。同时在管理实践中也没有发展出成熟、便捷、有效的测量工具，对其培养更显薄弱。建立高质量发展的创造性价值意旨，需要更多的实践与探索。

三、高职院校创新创业服务平台高质量发展的路径选择

创新创业服务平台高质量发展，不仅表现在人才培养质量水平上，还反映在人才培养质量内涵之中。它主要通过建章立制增效、完善治理方式、运用信息技术、推进多元评价等路径予以实现。

（一）建章立制增效，明确创新创业服务平台的质量保障

1.明确法律，办老百姓满意的创新创业服务平台

本杰明·布鲁姆曾说，有效的学习始于准确地知道达到的目标是什么。创新创业服务平台教什么要比怎么教更重要。我国现有的《民法典》《职业教育法》《高等教育法》《教育法》《教师法》《劳动法》等对创新创业服务平台的政府监管、法律性质、学生权益维护、教师队伍保障、企业责任等诸多现实法律问题没有明确，甚至出现了相抵触的内容。2022年5月1日，新修订的《职业教育法》开始实施，对校企合作、产教融合的法律性质、政校行企的法律责任进行了明确，在"打破陈规"与"遵守法律底线"之间寻求平衡，力争培养出的人才与产业需求相匹配，提升国家未来的产业竞争力。

2.制定标准，促进企业深度参与创新创业服务平台建设

制定工作质量标准是对创新创业服务平台教育质量进行监控的起点，标准的制定不能只是教育部门一厢情愿，而应由企业深度参与。这样标准才有评价的尺度。企业参与创新创业服务平台建设的积极性不高，原因是企业没有深度参与标准制定。借鉴国外创新创业服务平台运作经验，不仅有行政部门牵头，还有行业协会、工会等一起强化校企合作。推动构建适应产业集群发展需求的创新创业服务平台，将产业发展目标转化为人才培养目标。在实践中打破以往思维局限，多部门协同，这样创新创业服务平台才能真正落地。无论是国家标准还是团体标准，都要遵循标准从校企双方的实际出发，具有可操作性、先进性，反映新观念和社会新要求。以企业认证的方式，通过税收抵免、金融优惠、信用公示等方式，不断调动企业参与创新创业服务平台改革创新的积极性。

3.增值评价，促进区域创新创业服务平台自我革新

《深化新时代教育评价改革总体方案》提出"探索增值评价"。增值评价指追踪学生

在一段时间内学业成就的变化，并将客观存在的不公平因素的影响分离开来，考察学校对学生学业成就影响的净增值的评价。处理好职业教育评价的过程与结果之间的矛盾。创新创业服务平台的价值取向是"以发展为本"，强调评价者与被评价者之间的合作与交流，评价的目标应该是有层次和动态性的，应尊重被评价个性的差异性和多样性，确保评价过程开放。客观考虑区域经济发展好坏，生源质量高低，解决基础好与基础差学校创新创业服务平台一个评价标准的问题，彰显教育公平。建立增值评价的指标体系，确保实现效益和公平协调发展，促进区域创新创业服务平台均衡发展。

（二）完善治理方式，满足技能社会的质量需求

1．体系建构，打造纵向贯通、横向融通的现代创新创业服务平台

随着社会生产朝集约型转变，企业提供了相当多的高科技生产和第三产业职业岗位，越来越需要受过高等职业教育的专门人才。目前职教形态，无法满足产业可持续发展。重构现代职业教育体系，打通学习成长通道，成为我国职业教育在新历史时期的当务之急。创新创业服务平台强调的是职业的针对性，通过持续的职业训练，提高职业教育的发展"后劲"。通过完善中职、高职、职业本科等体系，打通各个层次的创新创业服务平台，形成具有地方特色的创新创业服务平台，培养高质量的技术技能人才。创新创业服务平台强化职业教育"育训并举"职责，为教育客体提供技能提升服务，满足区域产业需要。进一步打通职业教育与普通教育、老年教育、继续教育、社区教育的壁垒，整合各个教育层次资源，构建灵活开放的职业教育体系，孕育纵向贯通、横向融通的现代创新创业服务平台。

2．供需衔接，提升职业教育和产业发展的匹配度

在经济高质量发展的当下，劳动力结构性问题也日渐凸显，特别是中高端制造业的技术人才持续短缺问题。2021年1月，人社部发布的全国"最缺工"100个职业显示，"生产制造及有关人员"数量位列排名榜第一。与上一期相比，本期新晋排行25个职业中，有15个与制造业直接相关。短缺程度加大的34个职业中，有16个职业与制造业直接相关。作为我国经济的支柱产业，制造业用工需求与劳动力供给矛盾解决刻不容缓。高职教育要突出办学特色，创新创业服务平台将专业教育与产业发展进行对接，借鉴国外职教经验，推行"学分银行"学分置换，促进各学科的交叉与融合，克服过分专业化弊端。以创新创业服务平台人才培养方案为抓手，形成独具特色的学历框架与职业技能资历框架，使创新创业服务平台成为有温度的技能人才输出基地。

（三）运用信息技术，助推优质资源的质量集成

1. 优化校企数据，打通创新创业服务平台"信息壁垒"

在高职院校创新创业服务平台人才培养过程中，校本数据是非常重要的。建立校本数据中心，将创新创业服务平台各个部门的数据进行标准化，把运营管理轨迹数据化，实现校企各个部门信息资源有序衔接。校本数据中心对创新创业服务平台运行数据进行实时采集，确保数据的时效性，对发现预警信息进行分析和上报。强化校本数据中心的信息化应用能力，充分利用现代信息技术，进行数据生成的过程分析，及时进行数据纠偏，保证质量管理和评价的科学性。

2. 连接国际资源，重构创新创业服务平台发展生态

创新创业服务平台生态重构需建立在科学的基础上，开放国际办学形式，通过信息技术将国外企业、国外产业大学连接起来，实现资源共享。创新创业服务平台在现有服务区域的基础上，形成点线面体的服务能力，同时借助"一带一路"倡议、中国-东盟信息港、中阿"网上丝绸之路"等政策优势，与各国优势产业对接，加强相关领域交流与合作，不断提升国内国际服务能力。面对国际职业岗位发展的复杂性和不确定性，以开源共享、标准共建、合作共赢为原则，与国外的行业、企业、院校进行对接，加速信息技术助力创新创业服务平台发展生态重构的进程，形成国内国外一盘棋的创新创业服务平台生态，不断提升创新创业服务平台办学活力和国际影响力。

（四）推进多元评价，形成不同维度的质量评估体系

1. 政府绩效评价，提高创新创业服务平台建设效率

中共中央办公厅、国务院办公厅印发的《关于深化新时代教育督导体制机制改革的意见》和中共中央、国务院印发的《深化新时代教育评价改革总体方案》等，都强调推进高校分类评价。依据教育的相关法律法规政策，建立健全创新创业服务平台不同类型体系，明确创新创业服务平台运行机制，依据创新创业服务平台的办学类型和特色，采用不同的评价标准和评价模式。鼓励高职院校结合区域产业优势，参与创新创业服务平台建设，对在创新创业服务平台建设中作出贡献的，将在职称评审、绩效考核等方面进行政策倾斜，从而加快创新创业服务平台成果转化速度，满足市场需求。对创新创业服务平台进行政府绩效评价既会加快区域产业迭代速度，也会极大地推动就业形势趋稳向好，惠及社会民生。

2.行业企业评价，增强行业企业参与积极性和合法性

在创新创业服务平台治理体系和治理能力现代化进程中，改变以往只有学校唱"独角戏"的局面，邀请行业企业深度参与评价，演绎成"双簧戏"。发挥政府的主导作用，用市场的杠杆撬动行业企业参与创新创业服务平台建设与评价，形成重要的办学主体机制。以共建共享的利益纽带为出发点，激发行业企业参与积极性，尤其是与行业企业利益休戚相关的人才培养方案、培养标准等。邀请行业协会、企业专家参与创新创业服务平台成果评价方案的制定，评价结果也及时向社会公布。进一步巩固校企命运共同体，赋能创新创业服务平台高质量发展，推进技能型社会和人才强国建设。

3.社会公众评价，确保创新创业服务平台评价开放程度

社会公众在创新创业服务平台评价中扮演重要角色。首先，健全国家、省、校三级创新创业服务平台建设质量年报制度，增加社会公众的知情权，让社会公众掌握创新创业服务平台建设情况，并及时参与评价。创新创业服务平台建设质量年报改变以往内容单调、形式呆板的弊端，通过喜闻乐见、通俗易懂的方式向社会公布，提升社会关注度和知晓率。其次，社会组织、社会团体参与创新创业服务平台质量评价不断优化。校企共同开发操作性强、科学性高、方便社会组织和团体参与的评价工具，如行业企业满意度调查工具等。通过建立和完善机制来解决社会组织、社会团体的"事不关己"的评价态度，深度参与创新创业服务平台质量评价。

四、创新创业服务平台高质量发展的进一步思考

质量是教育的生命线，努力提高创新创业服务平台质量是高职院校人才培养工作的归宿。创新创业服务平台质量提升不是一朝一夕的事情，它是一场持久战，需要整个系统上下齐心协力，才能取得高质量的发展。

（一）高质量发展是实现育人基本任务和满足社会需要的保证

现代社会是"在质量大堤的保护下生活的"。当人们的起码生存条件得到满足以后，便开始注重提高生活质量。高职院校创新创业服务平台建设也不例外。今天，高质量的工作和产品已经成为保证社会生产和生活正常运转的必要条件。而创新创业服务平台则是在全部社会产品"质量大堤"的前提下，培养出高质量的"产品"，满足社会的需要。

（二）高质量发展才能保证教育投入的有效性

随着经济和社会发展的需要，职业教育受重视程度日益增长，经费投入越来越多。2021年5月，财政部、教育部下拨276.9亿元提升职业教育质量。同年11月，财政部、教育

部提前下达2022年现代职业教育质量提升计划资金预算249亿元。投入数量巨大。如何避免出现重复建设，保证教育投入的有效性是值得关注的。因此，要保证教育投入取得更高的效益，一套科学的预警系统是必不可少的，防患于未然，保证教育投入的有效性，促进创新创业服务平台健康有序发展。

（三）高质量发展是客观评价创新创业服务平台工作的标准与手段

高质量发展本质上是一个控制过程，社会、企业、家长、学生的正向反馈，促进创新创业服务平台可持续发展。如果出现逆向反馈，需要及时、准确地进行纠偏，确保创新创业服务平台工作标准不走样。高质量发展要求创新创业服务平台培养学生树立正确的学习观念和成才思维，使之成为既有"绝活"又有素养，全面发展、一专多能的复合型人才，给其职业生涯增添更多选择和机会。

参考文献

[1]高泽金.专创融合方法论[M].北京：中国铁道出版社，2021.

[2]常涛，徐晖，李冉.高职院校专创深度融合创新实践[M].北京：中国纺织出版社，2022.

[3]李明慧.大学生创新创业理论与技能指导[M].成都：四川大学出版社，2021.

[4]李静，唐鸿铃.高职院校大学生创业能力培养研究[M].重庆：重庆大学出版社，2019.

[5]张莉.创业的七个维度探究[M].北京：九州出版社，2020.

[6]吴国君.大学生创业能力培养[M].长春：吉林人民出版社，2019.

[7]王涛，刘泰然.创业原理与过程[M].北京：北京理工大学出版社，2019.

[8]姚亮.高校大学生职业价值与创新创业教育研究[M].北京：中国书籍出版社，2023.

[9]王克.高校创新创业探究[M].北京：北京时代华文书局有限公司，2021.

[10]张景亮.大学生创新创业管理与人才培养模式研究[M].长春：吉林科学技术出版社，2020.

[11]侯亦夫.创业型经济理论及就业研究[M].长春：吉林人民出版社，2019.

[12]倪虹.新时期高职院校创新创业多维探索[M].天津：天津科学技术出版社，2020.

[13]陈建.大学生创新与创业基础[M].北京：北京理工大学出版社，2021.

[14]刘德武，张同胜，李功华.创业之路[M].北京：中国言实出版社，2020.

[15]陈丽，钟敏敏.创新思维与创业基础[M].北京：北京理工大学出版社，2021.

[16]许文刚.大学生创新创业训练与实践指导[M].北京：北京理工大学出版社，2020.

[17]王永钊，程扬.职业院校专创融合教育探索与实践[M].北京：中国商务出版社，2023.